国家自然科学基金资助(项目号:71872081;71372030)
教育部人文社会科学重点研究基地南京大学长江三角洲经济社会发展研究中心暨区域经济转型与管理变革协同创新中心重大课题项目资助(项目号:CYD-2020009)
南京大学人文社科双一流建设"百层次"科研项目资助

中国证券分析师与证券公司预测准确性评价研究
(2021)

(Earnings Forecast Accuracy Rating for Chinese Security Analyst & Securities Firm, EFA Rating 2021)

林 树 罗 毅 葛逸云 著

·南京·

图书在版编目(CIP)数据

中国证券分析师与证券公司预测准确性评价研究.
2021/林树,罗毅,葛逸云著. —南京:东南大学出版社,
2021.10

　ISBN 978-7-5641-9720-9

　Ⅰ.①中⋯　Ⅱ.①林⋯　②罗⋯　③葛⋯　Ⅲ.①证券投资-研究　Ⅳ.①F830.91

中国版本图书馆CIP数据核字(2021)第200341号

中国证券分析师与证券公司预测准确性评价研究 2021
Zhongguo Zhengquan Fenxishi Yu Zhengquan Gongsi Yuce Zhunquexing Pingjia Yanjiu 2021

出版发行	东南大学出版社
社　　址	南京市四牌楼2号　　邮编　210096
网　　址	http://www.seupress.com
电子邮箱	press@seupress.com
经　　销	全国各地新华书店
印　　刷	江苏凤凰数码印务有限公司
开　　本	700mm×1000mm　1/16
印　　张	7.75
字　　数	200千
版　　次	2021年10月第1版
印　　次	2021年10月第1次印刷
书　　号	ISBN 978-7-5641-9720-9
定　　价	60.00元

本社图书若有印装质量问题,请直接与营销部联系。电话(传真):025-83791830

声 明

  本书是国家自然科学基金(项目号：71872081；71372030)、教育部人文社会科学重点研究基地南京大学长江三角洲经济社会发展研究中心暨区域经济转型与管理变革协同创新中心重大课题项目(项目号：CYD-2020009)、南京大学人文社科双一流建设"百层次"科研项目资助的阶段性成果。此书内容仅供学术参考与资讯用途。作者不保证本书内容的精确性及完整性，作者不承担读者使用本书内容导致的任何结果的责任。作者与此书的相关方对于读者使用本书所产生的任何损失或损害，不负任何责任。

摘　　要

近年来,我国证券分析师队伍伴随着资本市场的发展而迅速壮大。作为重要资本市场信息中介,证券分析师凭借其较强的信息搜集能力和专业分析能力,向投资者提供专业的研究报告,对缓解资本市场信息不对称、保护投资者及促进资本市场健康发展发挥着重要的积极作用。

鉴于证券分析师在资本市场的重要作用,无论是证券分析师群体,还是投资者群体,都需要一个客观公正的证券分析师评价体系。然而国内资本市场中,对于证券分析师的评价,多年来风靡根据"买方投票"数量的形式来给各行业的证券分析师进行排序,这种评价模式具有一定合理性及综合性。但根据买方机构主观打分的方式难免受到分析师专业能力以外的其他因素影响,其客观性、公正性也因此不能得到保证。更重要的是,证券分析师最重要的预测能力在投票这一评价过程中没有得到很好的体现,"买方投票"的评价过程与结果让投资者对分析师真正的证券分析与预测能力仍然无法知晓。鉴于此,我们尝试从分析师的最重要能力——"盈利预测准确性"出发对分析师专业能力进行评价,提供一种更加透明、客观、可验证的分析师评价模式,以期对现存分析师评价体系形成一定的有益补充,更为证券投资者乃至证券市场评价分析师提供重要参考。

《中国证券分析师与证券公司预测准确性评价研究 2021》是我们将研究成果以专著的形式呈现。我们分为三年期和五年期两个时间段来对证券分析师及证券公司的盈利预测准确性表现进行分析评价。通过本书的研究结果,我们可以宏观上看出我国证券分析师行业的发展态势,从微观上也可以看出不同证券公司研究所整体研究实力的平稳或起伏变化,对证券分析师及证券公司预测准确性表现形成更加直观的认识。

目前的评价方法虽然有其创新性,但难免有不足之处,我们非常欢迎同行的批评与建议,在后续定期的修订版本中根据实际情况进行方法上的改进。

感谢国家自然科学基金、教育部人文社会科学重点研究基地南京大学长江三角洲经济社会发展研究中心暨区域经济转型与管理变革协同创新中心重大课题项目、南京大学人文社科双一流建设"百层次"科研项目的资助,感谢东南大学出版社编辑老师的辛苦工作。在本书的撰写过程中,罗毅编撰了超过 2 万字的文本内容,博士生葛逸云与马浩云在数据收集与文本编辑方面也做了大量工作,在此一并表示感谢。

目 录

1 概述 ·· 1
   1.1 理论基础 ·· 2
   1.2 数据来源与指标设计 ··· 3
2 三年期证券分析师预测准确性评价 ··· 8
   2.1 数据来源与样本说明 ··· 8
   2.2 三年期证券分析师预测准确性评价结果 ··· 9
3 五年期证券分析师预测准确性评价 ··· 57
   3.1 数据来源与样本说明 ··· 57
   3.2 五年期证券分析师预测准确性评价结果 ··· 58
4 三年期证券公司预测准确性评价 ·· 89
   4.1 数据来源与样本说明 ··· 89
   4.2 三年期证券公司预测准确性评价结果 ·· 89
5 五年期证券公司预测准确性评价 ·· 101
   5.1 数据来源与样本说明 ··· 101
   5.2 五年期证券公司预测准确性评价结果 ·· 101
6 **2021 年度中国证券分析师与证券公司预测准确性评价总结** ··············· 113

1 概述

证券分析师行业伴随着资本市场的发展而诞生。作为重要的资本市场信息中介，证券分析师凭借其较强的信息搜集能力和专业分析能力，在宏观层面分析经济发展和行业政策的同时，也对上市公司的发展运营进行深入解剖，撰写研究报告向市场参与者提供投资决策建议，成为投资者投资决策的重要参考依据。

随着我国资本市场的不断发展，证券分析师队伍也日益壮大，至2021年持证上岗分析师已达3407人[①]。在分析师群体迅速膨胀、研究报告汗牛充栋的市场形势下，一个客观、公正的分析师评价体系对于买卖双方乃至资本市场的规范运作无疑具有重要意义。一方面，从分析师角度而言，在分析师人数急速扩张的过程中，分析师专业素质难以得到完全保证，分析师市场为实现优胜劣汰、褒扬先进的目的需要一个公正的分析师评价体系；另一方面，从投资者角度而言，面对海量的研究报告，分析师评价体系也可以提供一定的甄别依据。然而国内资本市场中，对于证券分析师的评价，多年来风靡采用根据"买方投票"数量的形式来给各行业的证券分析师进行排序。这种评价模式具有一定合理性及综合性，但根据买方机构主观打分的方式难免受到分析师专业能力以外的其他因素影响，其客观性、公正性也因此大打折扣。同时随着研究市场竞争加剧，不够公开透明的评价过程也可能滋生拉票等不正当竞争行为，严重影响评选活动的严肃性、公平性和专业性[②]。更重要的是，本是证券分析师最重要的盈利预测能力在投票这一评价过程中没有得到很好的体现，"买方投票"的评价过程与结果让投资者对分析师真正的证券分析与预测能力仍然无法知晓。

基于此，我们试图从分析师的最重要能力——"盈利预测准确性"出发对分析师专业能力进行评价，提供一种更加透明、客观、可验证的分析师评价模式，以期对现存分析师评价体系形成一定的有益补充，更为证券投资者乃至证券市场评价分析师提供重要参考。

---

① 数据来源：中国证券业协会官网，统计截止时点2021.07.07，网址：http://www.sac.net.cn/。
② 参见中国证券业协会：《中国证券业协会支持证券公司退出有关分析师评选活动》。

在本书中，我们从证券分析师个体与证券公司层面，根据不同的统计区间，在第二章至第五章分别展现2017年至2021年期间（对应2016—2020年公司年报发布截止日）三年期与五年期的"中国证券分析师预测准确性评价"与"中国证券公司研究实力评价"结果①，以便投资者可以从不同长度时间段的统计结果，宏观上看出我国证券分析师行业的发展态势，微观上也可以看出不同证券公司研究所研究预测实力的平稳或起伏变化。

本章将阐述中国证券分析师预测准确性评价的理论基础、数据来源及指标设计。

1.1 理论基础

每股收益（Earning Per Share，EPS）即每股税后利润，是普通股股东每持有一股所能享有的企业净利润或需承担的企业净亏损。每股收益是反映企业经营成果，衡量普通股的获利水平及投资风险的重要财务指标，也是投资者等信息使用者据以评价企业盈利能力、预测企业成长潜力，进而做出相关经济决策的关键指标之一。鉴于每股收益指标对股票估值及投资者决策的重要作用，证券分析师盈余预测的准确性不仅受到投资者和其他业界人士的普遍关注，也成为学术界探讨的热点（Ramnath et al.，2008）②，证券分析师准确预测所跟踪股票每股收益的能力也成为其专业能力、工作价值的重要表现（吴东辉和薛祖云，2005）③。

基于此，我们在以每股收益预测准确性作为评价分析师预测能力的主要依据，并通过标准化的处理方法解决不同股票间的可比性问题，综合考虑分析师的平均预测表现和最佳预测表现，得到对分析师预测能力的整体评价；在通过上述方法得到分析师预测能力的标准化得分基础上，我们进一步综合考虑证券公司的整体预测能力，并在注重证券公司拥有优秀分析师数量的同时，综合考虑了证券公司体量等成本因素，多维度、全方位的对证券公司的预测水平及成本效益进行评价。

---

① 为规避评价短期化可能引起的对分析师行为短期化引导及浮躁风气，本书仅从中长期对分析师进行评价，而未对短期评级等进行评价。

② Ramnath S, Rock S, Shane P. 2008. The financial analyst forecasting literature: A taxonomy with Suggestions for further research[J]. International Journal of Forecasting, 24 (1)：34-75.

③ 吴东辉, 薛祖云. 2005. 财务分析师盈利预测的投资价值：来自深沪A股市场的证据[J]. 会计研究, (08)：37-43+96.

1.2 数据来源与指标设计

1.2.1 数据来源与样本选择

本书基础数据全部来源于CSMAR数据库(深圳国泰安教育技术有限公司)[1],涉及指标包括分析师姓名、分析师编码[2]、所属证券公司名称、预测公司证券代码、证券简称、预测终止日、预测每股收益及实际每股收益。

在对分析师预测准确性进行评价时,对分析师初始研究报告及预测数据按照如下原则进行剔除:(1)剔除针对非A股上市公司的研究报告;(2)剔除未对公司每股收益进行预测的研究报告;(3)分析师同一预测期间内进行多次每股收益预测时,保留该预测期间内最后一次每股收益预测(如某分析师在2020.05.01—2021.04.30期间内对跟踪的某公司2020年每股收益分别在2020.05.30、2020.09.11及2021.01.20进行了预测,仅保留2021.01.20发布报告中的每股收益预测);(4)同一研究报告中对未来多期每股收益进行预测时,保留最近一期每股收益预测(如某分析师在2020.10.11公布的研究报告中对2020年度、2021年度及2022年度的每股收益均进行了预测,则仅保留针对2020年度的每股收益预测)。

关于行业分类,我们主要以中证指数有限公司公布的上市公司行业分类为准[3],并在中证行业划分的二级行业基础上进行一定调整。此外,对评价期内因中证行业微调导致的差异以最新一期,即中证指数公司官方网站2021年05月31日发布的《中证指数公司更新中证行业分类结果》为准。

在中证二级行业分类基础上调整后的行业分类如下:

主要消费类:

(1) 主要消费—食品、饮料与烟草(除农牧渔产品)

包括中证对应行业[4]:主要消费—食品、饮料与烟草—包装食品与肉类;主要

---

[1] CSMAR数据库(China Stock Market & Accounting Research Database)是深圳希施玛数据科技有限公司从学术研究需求出发,借鉴CRSP、COMPUSTAT、TAQ、THOMSON等权威数据库专业标准,并结合中国实际国情开发的经济金融领域的研究型精准数据库。经过20年的不断积累和完善,CSMAR数据库已涵盖因子研究、人物特征、绿色经济、股票、公司、海外、资讯、基金、债券、行业、经济、商品期货等18大系列,包含150多个数据库、4 000多张表、4万多个字段。(上述介绍来自国泰安数据库"产品简介")

[2] CSMAR内部编码,具有唯一性。

[3] 具体行业分类原则参见中证指数有限公司官网(http://www.csindex.com.cn/)《关于行业分类的说明》。

[4] 对应中证行业格式为:"一级行业—二级行业"及"一级行业—二级行业—三级行业",下同。

消费—食品、饮料与烟草—饮料。

(2) 主要消费—农牧渔产品

包括中证对应行业：主要消费—食品、饮料与烟草—农牧渔产品。

信息技术类：

(3) 信息技术—信息技术(含半导体、计算机及电子设备、计算机运用)

包括中证对应行业：信息技术—半导体；信息技术—计算机及电子设备；信息技术—计算机运用。

公用事业类：

(4) 公用事业—公用事业

包括中证对应行业：公用事业—公用事业。

医药卫生类：

(5) 医药卫生—医药卫生(含医疗器械与服务、医药生物)

包括中证对应行业：医药卫生—医疗器械与服务；医药卫生—医药生物。

原材料类：

(6) 原材料—原材料1(含化学制品、化学原料)

包括中证对应行业：原材料—原材料—化学制品；原材料—原材料—化学原料。

(7) 原材料—原材料2(含建筑材料、有色金属、钢铁、非金属采矿及制品)

包括中证对应行业：原材料—原材料—建筑材料；原材料—原材料—有色金属；原材料—原材料—钢铁；原材料—原材料—非金属采矿及制品。

(8) 原材料—轻工(含家庭与个人用品、容器与包装、纸类与林业产品)

包括中证对应行业：主要消费—家庭与个人用品；原材料—原材料—容器与包装；原材料—原材料—纸类与林业产品。

可选消费类：

(9) 可选消费—传媒

包括中证对应行业：可选消费—传媒。

(10) 可选消费—汽车与汽车零部件

包括中证对应行业：可选消费—汽车与汽车零部件。

(11) 可选消费—消费者服务、耐用消费品与服装包括中证对应行业：可选消费—消费者服务；可选消费—耐用消费品与服装。

(12) 可选消费—零售业

包括中证对应行业：主要消费—食品与主要品零售；可选消费—零售业。

工业类：

(13) 工业—交通运输

包括中证对应行业：工业—交通运输。

(14) 工业—商业服务与用品

包括中证对应行业：工业—商业服务与用品。

(15) 工业—资本品1（含工业集团企业、建筑与工程、建筑产品）

包括中证对应行业：工业—资本品—工业集团企业；工业—资本品—建筑与工程；工业—资本品—建筑产品。

(16) 工业—资本品2（机械制造）

包括中证对应行业：工业—资本品—机械制造。

(17) 工业—资本品3（环保设备、工程与服务）

包括中证对应行业：工业—资本品—环保设备、工程与服务。

(18) 工业—资本品4（电气设备）

包括中证对应行业：工业—资本品—电气设备。

(19) 工业—资本品5（航空航天与国防）

包括中证对应行业：工业—资本品—航空航天与国防

电信业务类：

(20) 电信业务—电信业务（含电信服务与通信设备）

包括中证对应行业：电信业务—电信服务；电信业务—通信设备。

能源类：

(21) 能源—能源

包括中证对应行业：能源—能源。

金融地产类：

(22) 金融地产—银行

包括中证对应行业：金融地产—银行。

(23) 金融地产—非银金融（含保险、资本市场、其他金融）

包括中证对应行业：金融地产—保险；金融地产—资本市场；金融地产—其他

金融。

（24）金融地产—房地产

包括中证对应行业：金融地产—房地产。

1.2.2 指标设计思路

（i）分析师层面

在对分析师预测能力进行评价时，首先在单只股票维度计算出分析师每次预测准确度的相对排名并进行标准化。具体做法是：首先，计算每股收益预测值与每股收益真实值之差并取绝对值，得到单次预测与真实值的偏离程度；其次，对跟踪同一只股票的所有预测偏离程度由低到高进行排序，在预测偏离程度相同时，发布时间早的优先，若同日发布，跟踪公司数量多的分析分析师优先，若仍相同，则按分析师姓氏进行排序；最后，对相对排名进行标准化处理得出每次预测准确性的标准分。

为全面考察证券分析师研究报告的"质"与"量"，在从股票维度得到分析师每次预测的标准分后，我们分别从平均表现和最佳表现两个维度对分析师预测准确性进行评价。在从平均表现维度对分析师表现进行评价时，对分析师在某行业内跟踪的全部公司的预测标准分求平均作为分析师平均表现打分，如分析师跟踪公司横跨不同行业，则对其在不同行业内的预测准确性表现分别评价。

在从最佳表现维度对分析师表现进行评价时，以分析师在某行业内跟踪的全部公司中的最优预测标准分作为分析师最佳表现打分，如分析师跟踪公司横跨不同行业，则对其在不同行业内的准确性表现分别评价。

（ii）证券公司层面

在证券公司层面，从证券公司全部分析师预测准确度表现均值角度及拥有明星分析师席位角度两个维度对证券公司预测能力进行评价。具体做法是：从证券公司全部分析师表现维度对证券公司预测能力进行评价时，对证券公司年度内全部活动分析师①表现求均值作为证券公司表现的衡量，需要说明的是，因对分析师评价具有平均和最佳两个维度，在对证券公司预测表现进行评价时，也相对应的分别从分析师平均标准分、分析师最佳标准分进行计算。

从证券公司拥有明星分析师席位角度对证券公司预测能力进行评价时，以各行业内表现最佳的前五名分析师为明星分析师，以各证券公司拥有明星分析

---

① 活动分析师指在相应期间内进行过针对A股上市公司的每股收益预测的分析师，即以CSMAR数据库为基准，根据1.2.1节所介绍的原则进行筛选后，本书所覆盖的分析师，下同。

师席位对证券公司的预测能力进行评价,同时考虑到证券公司为产生明星分析师所付出的"成本"不同,我们也同时列示了证券公司对应期间的活动分析师总量及发布研究报告总量,以助于更加全面深入的了解证券公司的预测实力及成本效益。

2 三年期证券分析师预测准确性评价

2.1 数据来源与样本说明

三年期证券分析师预测准确性评价的数据期间为 2018 年 5 月 1 日至 2021 年 4 月 30 日。所有分析师预测数据来源于 CSMAR 数据库,涉及指标包括分析师姓名、分析师编码、所属证券公司名称、预测公司证券代码、证券简称、预测终止日、预测每股收益及实际每股收益。

在对三年期证券分析师预测准确性进行评价时,我们对分析师初始研究报告及预测数据按照如下原则进行剔除:(1)剔除针对非 A 股上市公司的研究报告;(2)剔除未对公司每股收益进行预测的研究报告;(3)分析师同一预测期间内进行多次每股收益预测时,保留该预测期间内最后一次每股收益预测;(4)同一研究报告中对未来多期每股收益进行预测时,保留最近一期每股收益预测。此外,在三年期证券分析师预测准确性评价中,我们仅对连续在行业内执业满三年的分析师进行了排名。

经上述筛选后,我们最终得到参与三年期证券分析师准确性评价的分析师共 2 134 名。其中,主要消费—食品、饮料与烟草(除农牧渔产品)行业 83 名,主要消费—农牧渔产品行业 31 名,信息技术—信息技术(含半导体、计算机及电子设备、计算机运用)行业 312 名,公用事业—公用事业行业 39 名,医药卫生—医药卫生(含医疗器械与服务、医药生物)行业 148 名,原材料—原材料 1(含化学制品、化学原料)行业 151 名,原材料—原材料 2(含建筑材料、有色金属、钢铁、非金属采矿及制品)行业 115 名,原材料—轻工(含家庭与个人用品、容器与包装、纸类与林业产品)行业 61 名,可选消费—传媒行业 50 名、可选消费—汽车与汽车零部件行业 95 名,可选消费—消费者服务、耐用消费品与服装行业 176 名,可选消费—零售业行业 44 名,工业—交通运输行业 41 名,工业—商业服务与用品行业 110 名,工业—资本品 1(含工业集团企业、建筑与工程、建筑产品)行业 62 名,工业—资本品 2(机械制造)行业 149 名,工业—资本品 3(环保设备、工程与服务)行业 43 名,工业—

资本品 4(电气设备)行业 147 名,工业—资本品 5(航空航天与国防)行业 40 名,电信业务—电信业务(含电信服务与通信设备)行业 66 名,能源—能源行业 56 名,金融地产—银行行业 30 名,金融地产—非银金融(含保险、资本市场、其他金融)行业 45 名,金融地产—房地产行业 40 名①。

2.2 三年期证券分析师预测准确性评价结果

我们按照第一章介绍的计算方法,首先计算出各行业内每位分析师各年度每股收益预测的平均表现得分及最佳表现得分,在此基础上对分析师在行业内三年表现(平均表现和最佳表现两个维度)得分求平均,按照三年平均标准分由低到高进行排序②,若标准分相同,平均跟踪行业公司数量多的优先,若仍相同,按分析师姓名排序。按上述方法得到三年期的分行业证券分析师预测准确性排名如下,因篇幅所限,我们只列示了各行业内排名前 20 名的证券分析师,若不足 20 名,则全部列示。

表 2-1　三年期分析师预测准确性评价—平均表现(2018.05.01—2021.04.30)
行业：主要消费—食品、饮料与烟草(除农牧渔产品)

分析师姓名	平均表现排名	平均跟踪股票数量	所属证券公司③
刘　威	1	3	海通证券股份有限公司
文　献	2	14	华安证券股份有限公司
刘文正	3	1	安信证券股份有限公司
刘海荣	4	2	海通证券股份有限公司
张　俊	5	2	国盛证券有限责任公司
花小伟	6	1	德邦证券股份有限公司
符　蓉	7	22	国盛证券有限责任公司
薛玉虎	8	27	方正证券股份有限公司
吴　立	9	5	天风证券股份有限公司
叶倩瑜	10	17	光大证券股份有限公司

① 因存在同一分析师跟踪不同行业的情况,因此证券分析师总数与各行业分析师数量加总数不一致。
② 标准分越低,预测误差相对越小,预测准确度相对越高。
③ 所属证券公司信息为分析师 2018.05.01—2021.04.30 期间最后一次发布报告时所处的证券公司,下同。

(续表)

分析师姓名	平均表现排名	平均跟踪股票数量	所属证券公司
苏铖	11	25	安信证券股份有限公司
朱会振	12	24	西南证券股份有限公司
王永锋	13	27	广发证券股份有限公司
杨天明	14	3	华泰证券股份有限公司
欧阳宇剑	15	11	川财证券有限责任公司
訾猛	16	23	国泰君安证券股份有限公司
周菁	17	7	上海证券有限责任公司
盛夏	18	2	中信证券股份有限公司
马莉	19	13	浙商证券股份有限公司
董广阳	20	26	华创证券有限责任公司

表2-2　三年期分析师预测准确性评价—最佳表现(2018.05.01—2021.04.30)
行业：主要消费—食品、饮料与烟草(除农牧渔产品)

分析师姓名	最佳表现排名	平均跟踪股票数量	所属证券公司
朱会振	1	24	西南证券股份有限公司
于杰	2	34	民生证券股份有限公司
苏铖	3	25	安信证券股份有限公司
薛玉虎	4	27	方正证券股份有限公司
叶书怀	5	18	东方证券股份有限公司
陈梦瑶	6	25	国信证券股份有限公司
吕若晨	7	28	中国国际金融股份有限公司
杨勇胜	8	26	招商证券股份有限公司
范劲松	9	28	中泰证券股份有限公司
董广阳	10	26	华创证券有限责任公司
文献	11	14	华安证券股份有限公司
符蓉	12	22	国盛证券股份有限公司
王永锋	13	27	广发证券股份有限公司
刘畅	14	32	天风证券股份有限公司

(续表)

分析师姓名	最佳表现排名	平均跟踪股票数量	所属证券公司
余春生	15	24	国海证券股份有限公司
李 强	16	34	东北证券股份有限公司
黄付生	17	30	太平洋证券股份有限公司
熊 航	18	16	民生证券股份有限公司
汤玮亮	19	14	中银国际证券股份有限公司
叶倩瑜	20	17	光大证券股份有限公司

在2018年5月1日至2021年4月30日这三年的期间内,持续跟踪主要消费—食品、饮料与烟草(除农牧渔产品)行业并作出每股收益预测的分析师有83名。由表2-1、表2-2可以看出,从平均预测准确性角度来看,排在前五名的分析师分别是:海通证券股份有限公司的刘威、华安证券股份有限公司的文献、安信证券股份有限公司的刘文正、海通证券股份有限公司的刘海荣和国盛证券有限责任公司的张俊。从最佳预测准确性角度来看,排在前五名的分析师分别是:西南证券股份有限公司的朱会振、民生证券股份有限公司的于杰、安信证券股份有限公司的苏铖、方正证券股份有限公司的薛玉虎和东方证券股份有限公司的叶书怀。

表2-3 三年期分析师预测准确性评价—平均表现(2018.05.01—2021.04.30)
行业:主要消费—农牧渔产品

分析师姓名	平均表现排名	平均跟踪股票数量	所属证券公司
孙 扬	1	11	中国国际金融股份有限公司
钟凯锋	2	15	国泰君安证券股份有限公司
丁 频	3	12	海通证券股份有限公司
鲁家瑞	4	11	国信证券股份有限公司
徐 卿	5	4	西南证券股份有限公司
吴 立	6	17	天风证券股份有限公司
王 乾	7	8	广发证券股份有限公司
文 献	8	1	华安证券股份有限公司
李晓渊	9	13	国泰君安证券股份有限公司
蒋寅秋	10	2	平安证券股份有限公司

(续表)

分析师姓名	平均表现排名	平均跟踪股票数量	所属证券公司
孟维肖	11	2	首创证券有限责任公司
盛 夏	12	18	中信证券股份有限公司
陈 阳	13	11	海通证券股份有限公司
钱 浩	14	7	广发证券股份有限公司
谢芝优	15	6	中国银河证券股份有限公司
王 莺	16	5	华安证券股份有限公司
陈 娇	17	17	兴业证券股份有限公司
冯 鹤	18	5	华泰证券股份有限公司
魏振亚	19	10	天风证券股份有限公司
熊承慧	20	14	中信证券股份有限公司

表2-4 三年期分析师预测准确性评价—最佳表现（2018.05.01—2021.04.30）
行业：主要消费—农牧渔产品

分析师姓名	最佳表现排名	平均跟踪股票数量	所属证券公司
陈 娇	1	17	兴业证券股份有限公司
钟凯锋	2	15	国泰君安证券股份有限公司
谢芝优	3	6	中国银河证券股份有限公司
吴 立	4	17	天风证券股份有限公司
丁 频	5	12	海通证券股份有限公司
盛 夏	6	18	中信证券股份有限公司
孙 扬	7	11	中国国际金融股份有限公司
王 乾	8	8	广发证券股份有限公司
毛一凡	9	16	兴业证券股份有限公司
李晓渊	10	13	国泰君安证券股份有限公司
陈雪丽	11	11	开源证券有限公司
鲁家瑞	12	11	国信证券股份有限公司
魏振亚	13	10	天风证券股份有限公司
钱 浩	14	7	广发证券股份有限公司

(续表)

分析师姓名	最佳表现排名	平均跟踪股票数量	所属证券公司
熊承慧	15	14	中信证券股份有限公司
陈 阳	16	11	海通证券股份有限公司
冯 鹤	17	5	华泰证券股份有限公司
刘晓波	18	9	光大证券股份有限公司
周 莎	19	11	华西证券股份有限公司
程晓东	20	6	太平洋证券股份有限公司

在2018年5月1日至2021年4月30日这三年的期间内,持续跟踪主要消费—农牧渔产品行业并作出每股收益预测的分析师有31名。由表2-3、表2-4可以看出,从平均预测准确性角度来看,排在前五名的分析师分别是:中国国际金融股份有限公司的孙扬、国泰君安证券股份有限公司的钟凯锋、海通证券股份有限公司的丁频、国信证券股份有限公司的鲁家瑞和西南证券股份有限公司的徐卿。从最佳预测准确性角度来看,排在前五名的分析师分别是:兴业证券股份有限公司的陈娇、国泰君安证券股份有限公司的钟凯锋、中国银河证券股份有限公司的谢芝优、天风证券股份有限公司的吴立和海通证券股份有限公司的丁频。

表2-5 三年期分析师预测准确性评价—平均表现(2018.05.01—2021.04.30)
行业:信息技术—信息技术(含半导体、计算机及电子设备、计算机运用)

分析师姓名	平均表现排名	平均跟踪股票数量	所属证券公司
鞠兴海	1	2	国盛证券有限责任公司
笪佳敏	2	2	东北证券股份有限公司
刘 荣	3	3	招商证券股份有限公司
李 典	4	3	国元证券股份有限公司
王瑶平	5	2	中国国际金融股份有限公司
高宏博	6	6	浙商证券股份有限公司
姜 娅	7	3	中信证券股份有限公司
吴 丹	8	3	招商证券股份有限公司
康雅雯	9	6	中泰证券股份有限公司
余 俊	10	7	招商证券股份有限公司
邱祖学	11	2	兴业证券股份有限公司

(续表)

分析师姓名	平均表现排名	平均跟踪股票数量	所属证券公司
孔令鑫	12	10	中国国际金融股份有限公司
詹奥博	13	1	中国国际金融股份有限公司
张雪晴	14	5	中国国际金融股份有限公司
张峥青	15	4	海通证券股份有限公司
郭丽丽	16	1	天风证券股份有限公司
杨绍辉	17	4	中银国际证券股份有限公司
陈 彦	18	2	中国国际金融股份有限公司
王淑姬	19	2	招商证券股份有限公司
王一川	20	4	民生证券股份有限公司

表2-6 三年期分析师预测准确性评价—最佳表现(2018.05.01—2021.04.30)
行业：信息技术—信息技术(含半导体、计算机及电子设备、计算机运用)

分析师姓名	最佳表现排名	平均跟踪股票数量	所属证券公司
胡又文	1	63	安信证券股份有限公司
欧阳仕华	2	39	国信证券股份有限公司
刘 凯	3	28	光大证券股份有限公司
黄乐平	4	34	中国国际金融股份有限公司
徐 涛	5	29	中信证券股份有限公司
刘雪峰	6	23	广发证券股份有限公司
蒋佳霖	7	22	兴业证券股份有限公司
郑震湘	8	36	国盛证券有限责任公司
赵 琦	9	17	中银国际证券股份有限公司
郑宏达	10	30	海通证券股份有限公司
杨泽原	11	28	中信证券股份有限公司
刘高畅	12	32	国盛证券有限责任公司
刘 言	13	19	西南证券股份有限公司
沈海兵	14	43	天风证券股份有限公司
谢春生	15	33	华泰证券股份有限公司

(续表)

分析师姓名	最佳表现排名	平均跟踪股票数量	所属证券公司
谢 恒	16	16	兴业证券股份有限公司
高宏博	17	6	浙商证券股份有限公司
许兴军	18	38	广发证券股份有限公司
孙远峰	19	31	华西证券股份有限公司
郝 彪	20	21	东吴证券股份有限公司

在2018年5月1日至2021年4月30日这三年的期间内,持续跟踪信息技术—信息技术(含半导体、计算机及电子设备、计算机运用)行业并作出每股收益预测的分析师有312名。由表2-5、表2-6可以看出,从平均预测准确性角度来看,排在前五名的分析师分别是:国盛证券有限责任公司的鞠兴海、东北证券股份有限公司的笪佳敏、招商证券股份有限公司的刘荣、国元证券股份有限公司的李典和中国国际金融股份有限公司的王瑶平。从最佳预测准确性角度来看,排在前五名的分析师分别是:安信证券股份有限公司的胡又文、国信证券股份有限公司的欧阳仕华、光大证券股份有限公司的刘凯、中国国际金融股份有限公司的黄乐平和中信证券股份有限公司的徐涛。

表2-7 三年期分析师预测准确性评价—平均表现(2018.05.01—2021.04.30)
行业:公用事业—公用事业

分析师姓名	平均表现排名	平均跟踪股票数量	所属证券公司
殷中枢	1	1	光大证券股份有限公司
袁 理	2	1	东吴证券股份有限公司
刘 俊	3	12	中国国际金融股份有限公司
沈 成	4	2	中银国际证券有限责任公司
郑丹丹	5	2	东兴证券股份有限公司
庞天一	6	5	华创证券有限责任公司
王 威	7	15	光大证券股份有限公司
李可伦	8	2	中银国际证券有限责任公司
蔡 屹	9	9	兴业证券股份有限公司
周 妍	10	17	国泰君安证券股份有限公司
邱懿峰	11	5	新时代证券股份有限公司

(续表)

分析师姓名	平均表现排名	平均跟踪股票数量	所属证券公司
郭 鹏	12	8	广发证券股份有限公司
严家源	13	7	平安证券股份有限公司
黄红卫	14	7	财信证券有限责任公司
张爱宁	15	17	国泰君安证券股份有限公司
朱纯阳	16	7	招商证券股份有限公司
于夕朦	17	13	长城证券股份有限公司
蒋昕昊	18	3	中国国际金融股份有限公司
王颖婷	19	8	西南证券股份有限公司
邵琳琳	20	11	安信证券股份有限公司

表2-8 三年期分析师预测准确性评价—最佳表现(2018.05.01—2021.04.30)
行业：公用事业—公用事业

分析师姓名	最佳表现排名	平均跟踪股票数量	所属证券公司
周 妍	1	17	国泰君安证券股份有限公司
刘 俊	2	12	中国国际金融股份有限公司
邵琳琳	3	11	安信证券股份有限公司
李 想	4	12	中信证券股份有限公司
张爱宁	5	17	国泰君安证券股份有限公司
于夕朦	6	13	长城证券股份有限公司
郭丽丽	7	13	天风证券股份有限公司
王 威	8	15	光大证券股份有限公司
黄红卫	9	7	财信证券有限责任公司
朱纯阳	10	7	招商证券股份有限公司
王玮嘉	11	14	华泰证券股份有限公司
晏 溶	12	7	华西证券股份有限公司
武云泽	13	10	中信证券股份有限公司
王颖婷	14	8	西南证券股份有限公司
蔡 屹	15	9	兴业证券股份有限公司

(续表)

分析师姓名	最佳表现排名	平均跟踪股票数量	所属证券公司
严家源	16	7	平安证券股份有限公司
殷中枢	17	1	光大证券股份有限公司
张 晨	18	7	招商证券股份有限公司
庞天一	19	5	华创证券有限责任公司
邱懿峰	20	5	新时代证券股份有限公司

在2018年5月1日至2021年4月30日这三年的期间内,持续跟踪公用事业—公用事业行业并作出每股收益预测的分析师有39名。由表2-7、表2-8可以看出,从平均预测准确性角度来看,排在前五名的分析师分别是:光大证券股份有限公司的殷中枢、东吴证券股份有限公司的袁理、中国国际金融股份有限公司的刘俊、中银国际证券股份有限公司的沈成和东兴证券股份有限公司的郑丹丹。从最佳预测准确性角度来看,排在前五名的分析师分别是:国泰君安证券股份有限公司的周妍、中国国际金融股份有限公司的刘俊、安信证券股份有限公司的邵琳琳、中信证券股份有限公司的李想和国泰君安证券股份有限公司的张爱宁。

表2-9 三年期分析师预测准确性评价—平均表现(2018.05.01—2021.04.30)
行业:医药卫生—医药卫生(含医疗器械与服务、医药生物)

分析师姓名	平均表现排名	平均跟踪股票数量	所属证券公司
王文龙	1	1	华创证券有限责任公司
刘 易	2	2	中信证券股份有限公司
于庭泽	3	1	首创证券有限责任公司
刘雪峰	4	2	广发证券股份有限公司
李 辉	5	1	天风证券股份有限公司
周伟佳	6	2	长城证券股份有限公司
姜国平	7	2	光大证券股份有限公司
李 沄	8	5	华泰证券股份有限公司
袁 维	9	12	国金证券股份有限公司
孙 扬	10	4	中国国际金融股份有限公司
丁 频	11	2	海通证券股份有限公司
谢木青	12	14	中泰证券股份有限公司

(续表)

分析师姓名	平均表现排名	平均跟踪股票数量	所属证券公司
王奇珏	13	1	广发证券股份有限公司
张汪强	14	2	安信证券股份有限公司
郝彪	15	1	东吴证券股份有限公司
陈阳	16	2	海通证券股份有限公司
胡偌碧	17	9	国盛证券有限责任公司
李瑶	18	1	东北证券股份有限公司
赵磊	19	13	中泰证券股份有限公司
卫书根	20	2	光大证券股份有限公司

表2-10 三年期分析师预测准确性评价—最佳表现(2018.05.01—2021.04.30)
行业：医药卫生—医药卫生(含医疗器械与服务、医药生物)

分析师姓名	最佳表现排名	平均跟踪股票数量	所属证券公司
张金洋	1	41	国盛证券有限责任公司
江琦	2	48	中泰证券股份有限公司
叶寅	3	32	平安证券股份有限公司
林小伟	4	44	光大证券股份有限公司
代雯	5	30	华泰证券股份有限公司
徐佳熹	6	66	兴业证券股份有限公司
高岳	7	7	华创证券有限责任公司
杜佐远	8	27	开源证券股份有限公司
袁维	9	12	国金证券股份有限公司
丁丹	10	43	国泰君安证券股份有限公司
李沄	11	5	华泰证券股份有限公司
周小刚	12	30	方正证券股份有限公司
谢长雁	13	32	国信证券股份有限公司
罗佳荣	14	32	广发证券股份有限公司
胡博新	15	24	东兴证券股份有限公司
马帅	16	42	安信证券股份有限公司

(续表)

分析师姓名	最佳表现排名	平均跟踪股票数量	所属证券公司
吴文华	17	15	野村东方国际证券有限公司
崔文亮	18	34	华西证券股份有限公司
杜永宏	19	22	华鑫证券有限责任公司
邹　朋	20	41	中国国际金融股份有限公司

在2018年5月1日至2021年4月30日这三年的期间内,持续跟踪医药卫生—医药卫生(含医疗器械与服务、医药生物)行业并作出每股收益预测的分析师有148名。由表2-9、表2-10可以看出,从平均预测准确性角度来看,排在前五名的分析师分别是：华创证券有限责任公司的王文龙、中信证券股份有限公司的刘易、首创证券有限责任公司的于庭泽、广发证券股份有限公司的刘雪峰和天风证券股份有限公司的李辉。从最佳预测准确性角度来看,排在前五名的分析师分别是：国盛证券有限责任公司的张金洋、中泰证券股份有限公司的江琦、平安证券股份有限公司的叶寅、光大证券股份有限公司的林小伟和华泰证券股份有限公司的代雯。

表2-11　三年期分析师预测准确性评价—平均表现(2018.05.01—2021.04.30)
行业：原材料—原材料1(含化学制品、化学原料)

分析师姓名	平均表现排名	平均跟踪股票数量	所属证券公司
马　莉	1	1	浙商证券股份有限公司
黄　艳	2	1	兴业证券股份有限公司
邹兰兰	3	1	长城证券股份有限公司
赵军胜	4	2	东兴证券股份有限公司
卢日鑫	5	3	东方证券股份有限公司
曾朵红	6	2	东吴证券股份有限公司
赵晨阳	7	3	国泰君安证券股份有限公司
申建国	8	2	方正证券股份有限公司
翟绪丽	9	4	太平洋证券股份有限公司
邹玲玲	10	3	中泰证券股份有限公司
吴　立	11	3	天风证券股份有限公司
徐云飞	12	2	国泰君安证券股份有限公司
王一川	13	2	民生证券股份有限公司

(续表)

分析师姓名	平均表现排名	平均跟踪股票数量	所属证券公司
陶贻功	14	13	太平洋证券股份有限公司
欧阳仕华	15	2	国信证券股份有限公司
周铮	16	25	招商证券股份有限公司
邹戈	17	5	广发证券股份有限公司
李璇	18	30	中国国际金融股份有限公司
陈浩武	19	2	中银国际证券股份有限公司
鲍荣富	20	7	天风证券股份有限公司

表2-12 三年期分析师预测准确性评价—最佳表现(2018.05.01—2021.04.30)
行业：原材料—原材料1(含化学制品、化学原料)

分析师姓名	最佳表现排名	平均跟踪股票数量	所属证券公司
裘孝锋	1	36	中国国际金融股份有限公司
刘曦	2	22	华泰证券股份有限公司
李璇	3	30	中国国际金融股份有限公司
黄景文	4	35	西南证券股份有限公司
刘威	5	62	海通证券股份有限公司
陶贻功	6	13	太平洋证券股份有限公司
李永磊	7	28	方正证券股份有限公司
周铮	8	25	招商证券股份有限公司
杨伟	9	34	华西证券股份有限公司
李辉	10	23	天风证券股份有限公司
邓勇	11	16	海通证券股份有限公司
杨林	12	32	国信证券股份有限公司
邹戈	13	5	广发证券股份有限公司
柳强	14	21	太平洋证券股份有限公司
曹承安	15	10	招商证券股份有限公司
张汪强	16	36	安信证券股份有限公司
张樨樨	17	5	天风证券股份有限公司

(续表)

分析师姓名	最佳表现排名	平均跟踪股票数量	所属证券公司
程 磊	18	9	新时代证券股份有限公司
商艾华	19	21	国信证券股份有限公司
王 喆	20	50	中信证券股份有限公司

在2018年5月1日至2021年4月30日这三年的期间内,持续跟踪原材料—原材料1(含化学制品、化学原料)行业并作出每股收益预测的分析师有151名。由表2-11、表2-12可以看出,从平均预测准确性角度来看,排在前五名的分析师分别是:浙商证券股份有限公司的马莉、兴业证券股份有限公司的黄艳、长城证券股份有限公司的邹兰兰、东兴证券股份有限公司的赵军胜和东方证券股份有限公司的卢日鑫。从最佳预测准确性角度来看,排在前五名的分析师分别是:中国国际金融股份有限公司的裘孝锋、华泰证券股份有限公司的刘曦、中国国际金融股份有限公司的李璇、西南证券股份有限公司的黄景文和海通证券股份有限公司的刘威。

表2-13 三年期分析师预测准确性评价—平均表现(2018.05.01—2021.04.30)
行业:原材料—原材料2(含建筑材料、有色金属、钢铁、非金属采矿及制品)

分析师姓名	平均表现排名	平均跟踪股票数量	所属证券公司
黄景文	1	1	西南证券股份有限公司
开文明	2	3	新时代证券股份有限公司
李隆海	3	1	东莞证券股份有限公司
笃 慧	4	21	中泰证券股份有限公司
杨 林	5	4	西南证券股份有限公司
邹兰兰	6	1	长城证券股份有限公司
黄诗涛	7	8	国盛证券有限责任公司
房大磊	8	3	国盛证券有限责任公司
赖福洋	9	11	开源证券股份有限公司
盛昌盛	10	15	方正证券股份有限公司
孙伟风	11	2	光大证券股份有限公司
李鹏飞	12	22	国泰君安证券股份有限公司
郭 皓	13	13	中泰证券股份有限公司

(续表)

分析师姓名	平均表现排名	平均跟踪股票数量	所属证券公司
闫 广	14	10	太平洋证券股份有限公司
陈 彦	15	31	中国国际金融股份有限公司
齐 丁	16	14	安信证券股份有限公司
邹 戈	17	8	广发证券股份有限公司
沈 成	18	3	中银国际证券股份有限公司
赵晨阳	19	5	国泰君安证券股份有限公司
邱培宇	20	11	西南证券股份有限公司

表2-14 三年期分析师预测准确性评价—最佳表现(2018.05.01—2021.04.30)
行业：原材料—原材料2(含建筑材料、有色金属、钢铁、非金属采矿及制品)

分析师姓名	最佳表现排名	平均跟踪股票数量	所属证券公司
邱祖学	1	28	兴业证券股份有限公司
李 斌	2	28	华泰证券股份有限公司
陈 彦	3	31	中国国际金融股份有限公司
任志强	4	17	华创证券有限责任公司
笃 慧	5	21	中泰证券股份有限公司
刘文平	6	16	招商证券股份有限公司
鲍荣富	7	15	天风证券股份有限公司
杨诚笑	8	19	天风证券股份有限公司
陈浩武	9	9	中银国际证券股份有限公司
盛昌盛	10	15	方正证券股份有限公司
鲍雁辛	11	30	国泰君安证券股份有限公司
闫 广	12	10	太平洋证券股份有限公司
邱乐园	13	26	华泰证券股份有限公司
华 立	14	11	中国银河证券股份有限公司
丁士涛	15	15	国金证券股份有限公司
李鹏飞	16	22	国泰君安证券股份有限公司
巨国贤	17	16	广发证券股份有限公司

(续表)

分析师姓名	最佳表现排名	平均跟踪股票数量	所属证券公司
孙 亮	18	16	天风证券股份有限公司
黄诗涛	19	8	国盛证券有限责任公司
李可悦	20	12	中国国际金融股份有限公司

在2018年5月1日至2021年4月30日这三年的期间内,持续跟踪原材料—原材料2(含建筑材料、有色金属、钢铁、非金属采矿及制品)行业并作出每股收益预测的分析师有115名。由表2-13、表2-14可以看出,从平均预测准确性角度来看,排在前五名的分析师分别是:西南证券股份有限公司的黄景文、新时代证券股份有限公司的开文明、东莞证券股份有限公司的李隆海、中泰证券股份有限公司的笃慧和西南证券股份有限公司的杨林。从最佳预测准确性角度来看,排在前五名的分析师分别是:兴业证券股份有限公司的邱祖学、华泰证券股份有限公司的李斌、中国国际金融股份有限公司的陈彦、华创证券有限责任公司的任志强和中泰证券股份有限公司的笃慧。

表2-15 三年期分析师预测准确性评价—平均表现(2018.05.01—2021.04.30)
行业:原材料—轻工(含家庭与个人用品、容器与包装、纸类与林业产品)

分析师姓名	平均表现排名	平均跟踪股票数量	所属证券公司
陶 冶	1	2	财通证券股份有限公司
刘 威	2	1	海通证券股份有限公司
鲍荣富	3	2	华泰证券股份有限公司
鲍雁辛	4	2	国泰君安证券股份有限公司
邹 戈	5	2	广发证券股份有限公司
刘嘉仁	6	4	兴业证券股份有限公司
代 雯	7	1	华泰证券股份有限公司
马 莉	8	10	浙商证券股份有限公司
张家璇	9	2	长城证券股份有限公司
曾 光	10	3	国信证券股份有限公司
穆方舟	11	9	国泰君安证券股份有限公司
徐稚涵	12	2	中泰证券股份有限公司
梅 昕	13	3	华泰证券股份有限公司

(续表)

分析师姓名	平均表现排名	平均跟踪股票数量	所属证券公司
樊俊豪	14	10	中国国际金融股份有限公司
邹文婕	15	3	长城证券股份有限公司
谢璐	16	2	广发证券股份有限公司
訾猛	17	5	国泰君安证券股份有限公司
吴劲草	18	4	东吴证券股份有限公司
史凡可	19	8	浙商证券股份有限公司
张潇	20	3	长城证券股份有限公司

表2-16 三年期分析师预测准确性评价—最佳表现(2018.05.01—2021.04.30)
行业：原材料—轻工(含家庭与个人用品、容器与包装、纸类与林业产品)

分析师姓名	最佳表现排名	平均跟踪股票数量	所属证券公司
徐林锋	1	9	华西证券股份有限公司
吴劲草	2	4	东吴证券股份有限公司
郑恺	3	9	招商证券股份有限公司
樊俊豪	4	10	中国国际金融股份有限公司
范张翔	5	4	天风证券股份有限公司
马莉	6	10	浙商证券股份有限公司
蔡欣	7	8	西南证券股份有限公司
穆方舟	8	9	国泰君安证券股份有限公司
陈羽锋	9	7	华泰证券股份有限公司
唐凯	10	11	东北证券股份有限公司
刘嘉仁	11	4	兴业证券股份有限公司
陶冶	12	2	财通证券股份有限公司
郭庆龙	13	7	华创证券有限责任公司
陈梦	14	6	华创证券有限责任公司
张心怡	15	8	国泰君安证券股份有限公司
赵中平	16	6	广发证券股份有限公司
李宏鹏	17	7	招商证券股份有限公司

(续表)

分析师姓名	最佳表现排名	平均跟踪股票数量	所属证券公司
林昕宇	18	8	国泰君安证券股份有限公司
张潇	19	3	长城证券股份有限公司
鲍荣富	20	2	华泰证券股份有限公司

在2018年5月1日至2021年4月30日这三年的期间内,持续跟踪原材料—轻工(含家庭与个人用品、容器与包装、纸类与林业产品)行业并作出每股收益预测的分析师有61名。由表2-15、表2-16可以看出,从平均预测准确性角度来看,排在前五名的分析师分别是:财通证券股份有限公司的陶冶、海通证券股份有限公司的刘威、华泰证券股份有限公司的鲍荣富、国泰君安证券股份有限公司的鲍雁辛和广发证券股份有限公司的邹戈。从最佳预测准确性角度来看,排在前五名的分析师分别是:华西证券股份有限公司的徐林锋、东吴证券股份有限公司的吴劲草、招商证券股份有限公司的郑恺、中国国际金融股份有限公司的樊俊豪和天风证券股份有限公司的范张翔。

表2-17 三年期分析师预测准确性评价—平均表现(2018.05.01—2021.04.30)
行业:可选消费—传媒

分析师姓名	平均表现排名	平均跟踪股票数量	所属证券公司
文浩	1	9	天风证券股份有限公司
张爽	2	6	天风证券股份有限公司
张雪晴	3	14	中国国际金融股份有限公司
旷实	4	14	广发证券股份有限公司
李志伟	5	1	长城国瑞证券有限公司
訾猛	6	1	国泰君安证券股份有限公司
刘言	7	15	西南证券股份有限公司
姚蕾	8	7	方正证券股份有限公司
李典	9	3	国元证券股份有限公司
顾佳	10	10	招商证券股份有限公司
周钊	11	7	华泰证券股份有限公司
方光照	12	3	开源证券股份有限公司
夏妍	13	8	国信证券股份有限公司

(续表)

分析师姓名	平均表现排名	平均跟踪股票数量	所属证券公司
宋雨翔	14	2	东北证券股份有限公司
杨仁文	15	9	方正证券股份有限公司
康雅雯	16	8	中泰证券股份有限公司
石伟晶	17	4	东兴证券股份有限公司
孔 蓉	18	5	光大证券股份有限公司
李艳丽	19	4	西部证券股份有限公司
朱 珺	20	8	华泰证券股份有限公司

表2-18 三年期分析师预测准确性评价—最佳表现(2018.05.01—2021.04.30)
行业：可选消费—传媒

分析师姓名	最佳表现排名	平均跟踪股票数量	所属证券公司
张 衡	1	12	国信证券股份有限公司
郝艳辉	2	13	海通证券股份有限公司
刘 言	3	15	西南证券股份有限公司
张雪晴	4	14	中国国际金融股份有限公司
顾 佳	5	10	招商证券股份有限公司
孔 蓉	6	5	光大证券股份有限公司
文 浩	7	9	天风证券股份有限公司
旷 实	8	14	广发证券股份有限公司
陈 筱	9	15	国泰君安证券股份有限公司
毛云聪	10	11	海通证券股份有限公司
张 爽	11	6	天风证券股份有限公司
杨仁文	12	9	方正证券股份有限公司
夏 妍	13	8	国信证券股份有限公司
杨晓彤	14	6	中国银河证券股份有限公司
焦 娟	15	12	安信证券股份有限公司
张良卫	16	9	东吴证券股份有限公司
朱 珺	17	8	华泰证券股份有限公司

(续表)

分析师姓名	最佳表现排名	平均跟踪股票数量	所属证券公司
胡 皓	18	10	新时代证券股份有限公司
苗 瑜	19	7	国泰君安证券股份有限公司
姚 蕾	20	7	方正证券股份有限公司

在2018年5月1日至2021年4月30日这三年的期间内,持续跟踪可选消费—传媒行业并作出每股收益预测的分析师有50名。由表2-17、表2-18可以看出,从平均预测准确性角度来看,排在前五名的分析师分别是:天风证券股份有限公司的文浩、天风证券股份有限公司的张爽、中国国际金融股份有限公司的张雪晴、广发证券股份有限公司的旷实和长城国瑞证券有限公司的李志伟。从最佳预测准确性角度来看,排在前五名的分析师分别是:国信证券股份有限公司的张衡、海通证券股份有限公司的郝艳辉、西南证券股份有限公司的刘言、中国国际金融股份有限公司的张雪晴和招商证券股份有限公司的顾佳。

表2-19 三年期分析师预测准确性评价—平均表现(2018.05.01—2021.04.30)
行业:可选消费—汽车与汽车零部件

分析师姓名	平均表现排名	平均跟踪股票数量	所属证券公司
李永磊	1	2	方正证券股份有限公司
李 璇	2	2	中国国际金融股份有限公司
邓健全	3	6	开源证券股份有限公司
刘 军	4	2	东北证券股份有限公司
娄周鑫	5	11	天风证券股份有限公司
文 浩	6	1	天风证券股份有限公司
袁 伟	7	8	安信证券股份有限公司
常 菁	8	9	中国国际金融股份有限公司
罗 政	9	1	信达证券股份有限公司
朱吉翔	10	1	群益证券(香港)有限公司
杨 晖	11	2	西部证券股份有限公司
张程航	12	11	华创证券有限责任公司
吴晓飞	13	15	国泰君安证券股份有限公司
任丹霖	14	4	中国国际金融股份有限公司

(续表)

分析师姓名	平均表现排名	平均跟踪股票数量	所属证券公司
黄细里	15	7	东吴证券股份有限公司
刘 威	16	3	海通证券股份有限公司
刘 俊	17	2	中国国际金融股份有限公司
邓 学	18	25	中国国际金融股份有限公司
王德安	19	12	平安证券股份有限公司
陈俊斌	20	26	中信证券股份有限公司

表 2-20　三年期分析师预测准确性评价—最佳表现(2018.05.01—2021.04.30)
行业：可选消费—汽车与汽车零部件

分析师姓名	最佳表现排名	平均跟踪股票数量	所属证券公司
汪刘胜	1	22	招商证券股份有限公司
邓 学	2	25	中国国际金融股份有限公司
彭 勇	3	22	财通证券股份有限公司
戴 畅	4	17	兴业证券股份有限公司
白 宇	5	18	太平洋证券股份有限公司
黄细里	6	7	东吴证券股份有限公司
孙志东	7	15	长城证券股份有限公司
姜雪晴	8	17	东方证券股份有限公司
张程航	9	11	华创证券有限责任公司
陈俊斌	10	26	中信证券股份有限公司
于 特	11	21	方正证券股份有限公司
刘千琳	12	22	华泰证券股份有限公司
朱 朋	13	19	中银国际证券股份有限公司
曹群海	14	11	平安证券股份有限公司
王德安	15	12	平安证券股份有限公司
梁 超	16	21	国信证券股份有限公司
赵季新	17	14	兴业证券股份有限公司
李恒光	18	16	东北证券股份有限公司

(续表)

分析师姓名	最佳表现排名	平均跟踪股票数量	所属证券公司
娄周鑫	19	11	天风证券股份有限公司
刘 佳	20	11	长城证券股份有限公司

在2018年5月1日至2021年4月30日这三年的期间内,持续跟踪可选消费—汽车与汽车零部件行业并作出每股收益预测的分析师有95名。由表2-19、表2-20可以看出,从平均预测准确性角度来看,排在前五名的分析师分别是:方正证券股份有限公司的李永磊、中国国际金融股份有限公司的李璇、开源证券股份有限公司的邓健全、东北证券股份有限公司的刘军和天风证券股份有限公司的娄周鑫。从最佳预测准确性角度来看,排在前五名的分析师分别是:招商证券股份有限公司的汪刘胜、中国国际金融股份有限公司的邓学、财通证券股份有限公司的彭勇、兴业证券股份有限公司的戴畅和太平洋证券股份有限公司的白宇。

表2-21 三年期分析师预测准确性评价—平均表现(2018.05.01—2021.04.30)
行业:可选消费—消费者服务、耐用消费品与服装

分析师姓名	平均表现排名	平均跟踪股票数量	所属证券公司
张良卫	1	2	东吴证券股份有限公司
苏多永	2	2	安信证券股份有限公司
陈显帆	3	2	东吴证券股份有限公司
周良玖	4	2	东吴证券股份有限公司
顾 佳	5	2	招商证券股份有限公司
张 俊	6	1	国盛证券有限责任公司
欧阳仕华	7	2	国信证券股份有限公司
樊俊豪	8	7	中国国际金融股份有限公司
刘海博	9	1	中信证券股份有限公司
唐佳睿	10	6	光大证券股份有限公司
黄诗涛	11	2	国盛证券有限责任公司
王凌涛	12	1	太平洋证券股份有限公司
马 莉	13	28	浙商证券股份有限公司
何 伟	14	28	中国国际金融股份有限公司
刘 威	15	2	海通证券股份有限公司

(续表)

分析师姓名	平均表现排名	平均跟踪股票数量	所属证券公司
訾 猛	16	4	国泰君安证券股份有限公司
洪 涛	17	3	广发证券股份有限公司
孙 路	18	4	光大证券股份有限公司
潘莹练	19	1	海通证券股份有限公司
李艳丽	20	4	西部证券股份有限公司

表2-22 三年期分析师预测准确性评价—最佳表现(2018.05.01—2021.04.30)
行业：可选消费—消费者服务、耐用消费品与服装

分析师姓名	最佳表现排名	平均跟踪股票数量	所属证券公司
纪 敏	1	16	中信证券股份有限公司
张立聪	2	19	安信证券股份有限公司
杨志威	3	9	中银国际证券股份有限公司
马 莉	4	28	浙商证券股份有限公司
鞠兴海	5	19	国盛证券有限责任公司
何 伟	6	28	中国国际金融股份有限公司
姜 娅	7	13	中信证券股份有限公司
范欣悦	8	6	中泰证券股份有限公司
蔡 欣	9	14	西南证券股份有限公司
王 冯	10	10	华金证券股份有限公司
糜韩杰	11	20	广发证券股份有限公司
郭海燕	12	19	中国国际金融股份有限公司
洪吉然	13	12	财通证券股份有限公司
范张翔	14	18	天风证券股份有限公司
吴劲草	15	6	东吴证券股份有限公司
陈子仪	16	15	海通证券股份有限公司
唐 凯	17	17	东北证券股份有限公司
施红梅	18	16	东方证券股份有限公司
龚梦泓	19	17	西南证券股份有限公司
郑 恺	20	17	招商证券股份有限公司

在2018年5月1日至2021年4月30日这三年的期间内,持续跟踪可选消费—消费者服务、耐用消费品与服装行业并作出每股收益预测的分析师有176名。由表2-21、表2-22可以看出,从平均预测准确性角度来看,排在前五名的分析师分别是:东吴证券股份有限公司的张良卫、安信证券股份有限公司的苏多永、东吴证券股份有限公司的陈显帆、东吴证券股份有限公司的周良玖和招商证券股份有限公司的顾佳。从最佳预测准确性角度来看,排在前五名的分析师分别是:中信证券股份有限公司的纪敏、安信证券股份有限公司的张立聪、中银国际证券股份有限公司的杨志威、浙商证券股份有限公司的马莉和国盛证券有限责任公司的鞠兴海。

表2-23 三年期分析师预测准确性评价—平均表现(2018.05.01—2021.04.30)
行业:可选消费—零售业

分析师姓名	平均表现排名	平均跟踪股票数量	所属证券公司
任 浪	1	2	开源证券股份有限公司
孙金钜	2	2	开源证券股份有限公司
刘文正	3	7	安信证券股份有限公司
张 潇	4	1	长城证券股份有限公司
穆方舟	5	1	国泰君安证券股份有限公司
唐佳睿	6	23	光大证券股份有限公司
林彦宏	7	1	长城证券股份有限公司
孙未未	8	1	光大证券股份有限公司
张 睿	9	3	国泰君安证券股份有限公司
李 婕	10	2	国金证券股份有限公司
樊俊豪	11	11	中国国际金融股份有限公司
马 莉	12	3	浙商证券股份有限公司
梁 希	13	2	海通证券股份有限公司
汪立亭	14	11	海通证券股份有限公司
洪 涛	15	10	广发证券股份有限公司
訾 猛	16	13	国泰君安证券股份有限公司
徐晓芳	17	10	中信证券股份有限公司
林寰宇	18	4	华泰证券股份有限公司

(续表)

分析师姓名	平均表现排名	平均跟踪股票数量	所属证券公司
王薇娜	19	2	华创证券有限责任公司
李宏科	20	11	海通证券股份有限公司

表2-24 三年期分析师预测准确性评价—最佳表现(2018.05.01—2021.04.30)
行业：可选消费—零售业

分析师姓名	最佳表现排名	平均跟踪股票数量	所属证券公司
汪立亭	1	11	海通证券股份有限公司
刘文正	2	7	安信证券股份有限公司
徐晓芳	3	10	中信证券股份有限公司
唐佳睿	4	23	光大证券股份有限公司
李宏科	5	11	海通证券股份有限公司
洪涛	6	10	广发证券股份有限公司
訾猛	7	13	国泰君安证券股份有限公司
樊俊豪	8	11	中国国际金融股份有限公司
刘章明	9	13	天风证券股份有限公司
孙路	10	22	光大证券股份有限公司
丁浙川	11	11	招商证券股份有限公司
李昂	12	7	中国银河证券股份有限公司
马松	13	6	天风证券股份有限公司
任浪	14	2	开源证券股份有限公司
彭瑛	15	5	国泰君安证券股份有限公司
高瑜	16	7	海通证券股份有限公司
孙金钜	17	2	开源证券股份有限公司
马莉	18	3	浙商证券股份有限公司
李婕	19	2	国金证券股份有限公司
宁浮洁	20	12	招商证券股份有限公司

在2018年5月1日至2021年4月30日这三年的期间内,持续跟踪可选消费—零售业行业并作出每股收益预测的分析师有44名。由表2-23、表2-24可以

看出,从平均预测准确性角度来看,排在前五名的分析师分别是:开源证券股份有限公司的任浪、开源证券股份有限公司的孙金钜、安信证券股份有限公司的刘文正、长城证券股份有限公司的张潇和国泰君安证券股份有限公司的穆方舟。从最佳预测准确性角度来看,排在前五名的分析师分别是:海通证券股份有限公司的汪立亭、安信证券股份有限公司的刘文正、中信证券股份有限公司的徐晓芳、光大证券股份有限公司的唐佳睿和海通证券股份有限公司的李宏科。

表 2-25　三年期分析师预测准确性评价—平均表现(2018.05.01—2021.04.30)
行业:工业—交通运输

分析师姓名	平均表现排名	平均跟踪股票数量	所属证券公司
刘　威	1	1	海通证券股份有限公司
张　俊	2	8	国盛证券有限责任公司
杨　鑫	3	35	中国国际金融股份有限公司
郑　武	4	21	国泰君安证券股份有限公司
岳　鑫	5	8	国泰君安证券股份有限公司
黄凡洋	6	5	华泰证券股份有限公司
刘海荣	7	1	海通证券股份有限公司
吴一凡	8	20	华创证券有限责任公司
曾凡喆	9	6	国信证券股份有限公司
张晓云	10	22	兴业证券股份有限公司
姜　明	11	23	国信证券股份有限公司
沈晓峰	12	32	华泰证券股份有限公司
龚　里	13	20	兴业证券股份有限公司
明　兴	14	8	安信证券股份有限公司
吉　理	15	8	兴业证券股份有限公司
苏宝亮	16	18	招商证券股份有限公司
张　功	17	5	平安证券股份有限公司
皇甫晓晗	18	7	国泰君安证券股份有限公司
刘　阳	19	20	华创证券有限责任公司
袁　钉	20	10	华泰证券股份有限公司

表 2-26　三年期分析师预测准确性评价—最佳表现(2018.05.01—2021.04.30)
行业：工业—交通运输

分析师姓名	最佳表现排名	平均跟踪股票数量	所属证券公司
杨　鑫	1	35	中国国际金融股份有限公司
吴一凡	2	20	华创证券有限责任公司
沈晓峰	3	32	华泰证券股份有限公司
郑　武	4	21	国泰君安证券股份有限公司
龚　里	5	20	兴业证券股份有限公司
瞿永忠	6	16	东北证券股份有限公司
姜　明	7	23	国信证券股份有限公司
罗江南	8	10	长城证券股份有限公司
苏宝亮	9	18	招商证券股份有限公司
关　鹏	10	14	中信证券股份有限公司
刘　阳	11	20	华创证券有限责任公司
张晓云	12	22	兴业证券股份有限公司
袁　钉	13	10	华泰证券股份有限公司
张　俊	14	8	国盛证券有限责任公司
皇甫晓晗	15	7	国泰君安证券股份有限公司
曾凡喆	16	6	国信证券股份有限公司
张　功	17	5	平安证券股份有限公司
岳　鑫	18	8	国泰君安证券股份有限公司
吉　理	19	8	兴业证券股份有限公司
黄凡洋	20	5	华泰证券股份有限公司

在 2018 年 5 月 1 日至 2021 年 4 月 30 日这三年的期间内，持续跟踪工业—交通运输行业并作出每股收益预测的分析师有 41 名。由表 2-25、表 2-26 可以看出，从平均预测准确性角度来看，排在前五名的分析师分别是：海通证券股份有限公司的刘威、国盛证券有限责任公司的张俊、中国国际金融股份有限公司的杨鑫、国泰君安证券股份有限公司的郑武和国泰君安证券股份有限公司的岳鑫。从最佳预测准确性角度来看，排在前五名的分析师分别是：中国国际金融股份有限公司的杨鑫、华创证券有限责任公司的吴一凡、华泰证券股份有限公司的沈晓峰、国泰

君安证券股份有限公司的郑武和兴业证券股份有限公司的龚里。

表2-27 三年期分析师预测准确性评价—平均表现(2018.05.01—2021.04.30)
行业：工业—商业服务与用品

分析师姓名	平均表现排名	平均跟踪股票数量	所属证券公司
张检检	1	1	东北证券股份有限公司
杜市伟	2	2	海通证券股份有限公司
马 莉	3	3	浙商证券股份有限公司
周 泰	4	1	安信证券股份有限公司
郭 鹏	5	1	广发证券股份有限公司
郭海燕	6	1	中国国际金融股份有限公司
陈腾曦	7	1	浙商证券股份有限公司
刘 军	8	3	东北证券股份有限公司
林骥川	9	1	浙商证券股份有限公司
史凡可	10	2	浙商证券股份有限公司
李富华	11	2	海通证券股份有限公司
李 婕	12	1	光大证券股份有限公司
沈晓峰	13	1	华泰证券股份有限公司
王志杰	14	1	长城证券股份有限公司
陈羽锋	15	3	华泰证券股份有限公司
汲肖飞	16	1	光大证券股份有限公司
鲍荣富	17	5	天风证券股份有限公司
雷慧华	18	3	安信证券股份有限公司
王玮嘉	19	4	华泰证券股份有限公司
张欣劼	20	2	海通证券股份有限公司

表 2-28 三年期分析师预测准确性评价—最佳表现(2018.05.01—2021.04.30)
行业：工业—商业服务与用品

分析师姓名	最佳表现排名	平均跟踪股票数量	所属证券公司
杜市伟	1	2	海通证券股份有限公司
曾 光	2	2	国信证券股份有限公司
刘 军	3	3	东北证券股份有限公司
徐林锋	4	5	华西证券股份有限公司
苏多永	5	3	安信证券股份有限公司
马 莉	6	3	浙商证券股份有限公司
郭庆龙	7	4	华创证券有限责任公司
陈羽锋	8	3	华泰证券股份有限公司
鲍荣富	9	5	天风证券股份有限公司
李富华	10	2	海通证券股份有限公司
赵中平	11	3	广发证券股份有限公司
方晏荷	12	5	华泰证券股份有限公司
史凡可	13	2	浙商证券股份有限公司
夏 天	14	3	国盛证券有限责任公司
王玮嘉	15	4	华泰证券股份有限公司
孟 杰	16	6	兴业证券股份有限公司
穆方舟	17	4	国泰君安证券股份有限公司
樊俊豪	18	6	中国国际金融股份有限公司
张检检	19	1	东北证券股份有限公司
雷慧华	20	3	安信证券股份有限公司

在 2018 年 5 月 1 日至 2021 年 4 月 30 日这三年的期间内,持续跟踪工业—商业服务与用品行业并作出每股收益预测的分析师有 110 名。由表 2-27、表 2-28 可以看出,从平均预测准确性角度来看,排在前五名的分析师分别是：东北证券股份有限公司的张检检、海通证券股份有限公司的杜市伟、浙商证券股份有限公司的马莉、安信证券股份有限公司的周泰和广发证券股份有限公司的郭鹏。从最佳预测准确性角度来看,排在前五名的分析师分别是：海通证券股份有限公司的杜市伟、国信证券股份有限公司的曾光、东北证券股份有限公司的刘军、华西证券股份

有限公司的徐林锋和安信证券股份有限公司的苏多永。

表2-29 三年期分析师预测准确性评价—平均表现(2018.05.01—2021.04.30)
行业：工业—资本品1(含工业集团企业、建筑与工程、建筑产品)

分析师姓名	平均表现排名	平均跟踪股票数量	所属证券公司
樊俊豪	1	2	中国国际金融股份有限公司
杨 侃	2	1	平安证券股份有限公司
倪娇娇	3	1	华泰证券股份有限公司
夏 天	4	15	国盛证券有限责任公司
陈羽锋	5	1	华泰证券股份有限公司
何敏仪	6	1	东莞证券股份有限公司
盛昌盛	7	3	方正证券股份有限公司
谭 倩	8	3	国海证券股份有限公司
徐林锋	9	1	华西证券股份有限公司
何亚轩	10	11	国盛证券有限责任公司
冯晨阳	11	3	海通证券股份有限公司
齐 丁	12	1	安信证券股份有限公司
黄 孚	13	1	安信证券股份有限公司
张雪蓉	14	2	华泰证券股份有限公司
闫 广	15	2	太平洋证券股份有限公司
罗 鼎	16	9	中信证券股份有限公司
王介超	17	4	太平洋证券股份有限公司
韩其成	18	27	国泰君安证券股份有限公司
鲍荣富	19	24	天风证券股份有限公司
杨 侃	20	2	民生证券股份有限公司

表2-30 三年期分析师预测准确性评价—最佳表现(2018.05.01—2021.04.30)
行业：工业—资本品1(含工业集团企业、建筑与工程、建筑产品)

分析师姓名	最佳表现排名	平均跟踪股票数量	所属证券公司
鲍荣富	1	24	天风证券股份有限公司
韩其成	2	27	国泰君安证券股份有限公司

（续表）

分析师姓名	最佳表现排名	平均跟踪股票数量	所属证券公司
夏 天	3	15	国盛证券有限责任公司
孟 杰	4	18	兴业证券股份有限公司
罗 鼎	5	9	中信证券股份有限公司
樊俊豪	6	2	中国国际金融股份有限公司
孙伟风	7	12	光大证券股份有限公司
詹奥博	8	15	中国国际金融股份有限公司
方晏荷	9	22	华泰证券股份有限公司
黄 杨	10	7	兴业证券股份有限公司
唐 笑	11	23	天风证券股份有限公司
苏多永	12	10	安信证券股份有限公司
何亚轩	13	11	国盛证券有限责任公司
王小勇	14	18	东北证券股份有限公司
郑晓刚	15	8	招商证券股份有限公司
程龙戈	16	10	国盛证券有限责任公司
周 松	17	10	国信证券股份有限公司
杜市伟	18	10	海通证券股份有限公司
张欣劼	19	7	海通证券股份有限公司
谭 倩	20	3	国海证券股份有限公司

在2018年5月1日至2021年4月30日这三年的期间内，持续跟踪工业—资本品1（含工业集团企业、建筑与工程、建筑产品）行业并作出每股收益预测的分析师有62名。由表2-29、表2-30可以看出，从平均预测准确性角度来看，排在前五名的分析师分别是：中国国际金融股份有限公司的樊俊豪、平安证券股份有限公司的杨侃、华泰证券股份有限公司的倪娇娇、国盛证券有限责任公司的夏天和华泰证券股份有限公司的陈羽锋。从最佳预测准确性角度来看，排在前五名的分析师分别是：天风证券股份有限公司的鲍荣富、国泰君安证券股份有限公司的韩其成、国盛证券有限责任公司的夏天、兴业证券股份有限公司的孟杰和中信证券股份有限公司的罗鼎。

表 2-31　三年期分析师预测准确性评价—平均表现(2018.05.01—2021.04.30)
　　　　　行业：工业—资本品 2(机械制造)

分析师姓名	平均表现排名	平均跟踪股票数量	所属证券公司
邹兰兰	1	2	长城证券股份有限公司
殷中枢	2	3	光大证券股份有限公司
尹斌	3	1	国海证券股份有限公司
孟鹏飞	4	3	新时代证券股份有限公司
黄涵虚	5	2	上海证券有限责任公司
王朝宁	6	1	广发证券股份有限公司
姜雪晴	7	2	东方证券股份有限公司
王宗超	8	3	华泰证券股份有限公司
郭鹏	9	2	广发证券股份有限公司
曾婵	10	1	广发证券股份有限公司
黄琨	11	27	国泰君安证券股份有限公司
袁雨辰	12	1	广发证券股份有限公司
张立聪	13	2	安信证券股份有限公司
何晨	14	6	财信证券有限责任公司
陈显帆	15	22	东吴证券股份有限公司
刘俊	16	3	中国国际金融股份有限公司
张文臣	17	1	太平洋证券股份有限公司
孔令鑫	18	29	中国国际金融股份有限公司
宋韶灵	19	2	中信证券股份有限公司
王华君	20	21	浙商证券股份有限公司

表 2-32　三年期分析师预测准确性评价—最佳表现(2018.05.01—2021.04.30)
　　　　　行业：工业—资本品 2(机械制造)

分析师姓名	最佳表现排名	平均跟踪股票数量	所属证券公司
刘国清	1	34	太平洋证券股份有限公司
陈显帆	2	22	东吴证券股份有限公司
邹润芳	3	29	天风证券股份有限公司

(续表)

分析师姓名	最佳表现排名	平均跟踪股票数量	所属证券公司
冯 胜	4	22	中泰证券股份有限公司
李 哲	5	24	安信证券股份有限公司
孔令鑫	6	29	中国国际金融股份有限公司
王 锐	7	12	光大证券股份有限公司
黄 琨	8	27	国泰君安证券股份有限公司
刘 军	9	23	东北证券股份有限公司
张 晗	10	10	东北证券股份有限公司
刘 荣	11	31	招商证券股份有限公司
鲁 佩	12	15	华创证券有限责任公司
章 诚	13	16	华泰证券股份有限公司
罗立波	14	27	广发证券股份有限公司
樊艳阳	15	8	东兴证券股份有限公司
杨绍辉	16	7	中银国际证券股份有限公司
周尔双	17	14	东吴证券股份有限公司
潘贻立	18	8	浙商证券股份有限公司
刘海博	19	15	中信证券股份有限公司
贺泽安	20	15	国信证券股份有限公司

在2018年5月1日至2021年4月30日这三年的期间内,持续跟踪工业—资本品2(机械制造)行业并作出每股收益预测的分析师有149名。由表2-31、表2-32可以看出,从平均预测准确性角度来看,排在前五名的分析师分别是:长城证券股份有限公司的邹兰兰、光大证券股份有限公司的殷中枢、国海证券股份有限公司的尹斌、新时代证券股份有限公司的孟鹏飞和上海证券有限责任公司的黄涵虚。从最佳预测准确性角度来看,排在前五名的分析师分别是:太平洋证券股份有限公司的刘国清、东吴证券股份有限公司的陈显帆、天风证券股份有限公司的邹润芳、中泰证券股份有限公司的冯胜和安信证券股份有限公司的李哲。

表 2-33　三年期分析师预测准确性评价—平均表现(2018.05.01—2021.04.30)
　　　　行业：工业—资本品3(环保设备、工程与服务)

分析师姓名	平均表现排名	平均跟踪股票数量	所属证券公司
颜阳春	1	1	西南证券股份有限公司
牛　波	2	2	国金证券股份有限公司
王颖婷	3	3	西南证券股份有限公司
刘　军	4	4	东北证券股份有限公司
韩其成	5	1	国泰君安证券股份有限公司
邱懿峰	6	7	新时代证券股份有限公司
赵　越	7	4	国海证券股份有限公司
李　想	8	3	中信证券股份有限公司
刘　俊	9	10	中国国际金融股份有限公司
沈一凡	10	3	东兴证券股份有限公司
邵琳琳	11	11	安信证券股份有限公司
靳晓雪	12	6	天风证券股份有限公司
梁　晨	13	3	国开证券股份有限公司
谭　倩	14	11	国海证券股份有限公司
郭丽丽	15	8	天风证券股份有限公司
陈　笑	16	1	国泰君安证券股份有限公司
蒋昕昊	17	6	中国国际金融股份有限公司
杨心成	18	10	国盛证券有限责任公司
王玮嘉	19	15	华泰证券股份有限公司
殷中枢	20	13	光大证券股份有限公司

表 2-34　三年期分析师预测准确性评价—最佳表现(2018.05.01—2021.04.30)
　　　　行业：工业—资本品3(环保设备、工程与服务)

分析师姓名	最佳表现排名	平均跟踪股票数量	所属证券公司
杨心成	1	10	国盛证券有限责任公司
刘　俊	2	10	中国国际金融股份有限公司
邵琳琳	3	11	安信证券股份有限公司

(续表)

分析师姓名	最佳表现排名	平均跟踪股票数量	所属证券公司
郭鹏	4	13	广发证券股份有限公司
邱懿峰	5	7	新时代证券股份有限公司
王玮嘉	6	15	华泰证券股份有限公司
谭倩	7	11	国海证券股份有限公司
郭丽丽	8	8	天风证券股份有限公司
靳晓雪	9	6	天风证券股份有限公司
徐强	10	11	国泰君安证券股份有限公司
卢日鑫	11	5	东方证券股份有限公司
庞天一	12	8	华创证券有限责任公司
殷中枢	13	13	光大证券股份有限公司
李想	14	3	中信证券股份有限公司
梁晨	15	3	国开证券股份有限公司
王宁	16	10	方正证券股份有限公司
袁理	17	8	东吴证券股份有限公司
赵越	18	4	国海证券股份有限公司
谢超波	19	5	东方证券股份有限公司
朱纯阳	20	12	招商证券股份有限公司

在2018年5月1日至2021年4月30日这三年的期间内,持续跟踪工业—资本品3(环保设备、工程与服务)行业并作出每股收益预测的分析师有43名。由表2-33、表2-34可以看出,从平均预测准确性角度来看,排在前五名的分析师分别是:西南证券股份有限公司的颜阳春、国金证券股份有限公司的牛波、西南证券股份有限公司的王颖婷、东北证券股份有限公司的刘军和国泰君安证券股份有限公司的韩其成。从最佳预测准确性角度来看,排在前五名的分析师分别是:国盛证券有限责任公司的杨心成、中国国际金融股份有限公司的刘俊、安信证券股份有限公司的邵琳琳、广发证券股份有限公司的郭鹏和新时代证券股份有限公司的邱懿峰。

表2-35　三年期分析师预测准确性评价—平均表现(2018.05.01—2021.04.30)
行业：工业—资本品4(电气设备)

分析师姓名	平均表现排名	平均跟踪股票数量	所属证券公司
彭勇	1	1	财通证券股份有限公司
邓学	2	1	天风证券股份有限公司
杨敬梅	3	14	西部证券股份有限公司
胡誉镜	4	1	中国国际金融股份有限公司
黄乐平	5	1	中国国际金融股份有限公司
陈显帆	6	4	东吴证券股份有限公司
胡小禹	7	2	平安证券股份有限公司
李锋	8	1	浙商证券股份有限公司
马妍	9	6	天风证券股份有限公司
佘炜超	10	2	海通证券股份有限公司
沈成	11	24	中银国际证券股份有限公司
胡独巍	12	1	民生证券股份有限公司
李佳	13	2	华创证券有限责任公司
边文姣	14	5	华泰证券股份有限公司
黄秀瑜	15	2	东莞证券股份有限公司
张书铭	16	1	东方证券股份有限公司
周尔双	17	4	东吴证券股份有限公司
吴文成	18	2	平安证券股份有限公司
贺泽安	19	2	国信证券股份有限公司
孔令鑫	20	2	中国国际金融股份有限公司

表2-36　三年期分析师预测准确性评价—最佳表现(2018.05.01—2021.04.30)
行业：工业—资本品4(电气设备)

分析师姓名	最佳表现排名	平均跟踪股票数量	所属证券公司
沈成	1	24	中银国际证券股份有限公司
刘俊	2	30	中国国际金融股份有限公司
曾朵红	3	26	东吴证券股份有限公司

(续表)

分析师姓名	最佳表现排名	平均跟踪股票数量	所属证券公司
开文明	4	23	新时代证券股份有限公司
王 磊	5	20	国盛证券有限责任公司
笪佳敏	6	13	东北证券股份有限公司
申建国	7	12	方正证券股份有限公司
陈子坤	8	16	广发证券股份有限公司
朱 栋	9	18	平安证券股份有限公司
谭 倩	10	15	国海证券股份有限公司
李可伦	11	14	中银国际证券股份有限公司
顾一弘	12	11	东北证券股份有限公司
张一驰	13	27	海通证券股份有限公司
游家训	14	25	招商证券股份有限公司
姚 遥	15	17	国金证券股份有限公司
胥本涛	16	13	国泰君安证券股份有限公司
弓永峰	17	25	中信证券股份有限公司
杨敬梅	18	14	西部证券股份有限公司
陈显帆	19	4	东吴证券股份有限公司
皮 秀	20	15	平安证券股份有限公司

在2018年5月1日至2021年4月30日这三年的期间内,持续跟踪工业—资本品4(电气设备)行业并作出每股收益预测的分析师有147名。由表2-35、表2-36可以看出,从平均预测准确性角度来看,排在前五名的分析师分别是:财通证券股份有限公司的彭勇、天风证券股份有限公司的邓学、西部证券股份有限公司的杨敬梅、中国国际金融股份有限公司的胡誉镜和中国国际金融股份有限公司的黄乐平。从最佳预测准确性角度来看,排在前五名的分析师分别是:中银国际证券股份有限公司的沈成、中国国际金融股份有限公司的刘俊、东吴证券股份有限公司的曾朵红、新时代证券股份有限公司的开文明和国盛证券有限责任公司的王磊。

表2-37　三年期分析师预测准确性评价—平均表现(2018.05.01—2021.04.30)
　　　　行业：工业—资本品5(航空航天与国防)

分析师姓名	平均表现排名	平均跟踪股票数量	所属证券公司
刘　凯	1	1	光大证券股份有限公司
石　康	2	19	兴业证券股份有限公司
胡又文	3	1	安信证券股份有限公司
余　平	4	3	国盛证券有限责任公司
王天一	5	9	东方证券股份有限公司
冯　胜	6	1	中泰证券股份有限公司
段小虎	7	13	开源证券股份有限公司
冯福章	8	13	安信证券股份有限公司
罗　楠	9	8	东方证券股份有限公司
潘　暕	10	2	天风证券股份有限公司
邹润芳	11	12	天风证券股份有限公司
郑震湘	12	2	国盛证券有限责任公司
张　超	13	8	中航证券有限公司
王　超	14	13	招商证券股份有限公司
黄　艳	15	16	兴业证券股份有限公司
李　良	16	10	中国银河证券股份有限公司
张　傲	17	5	安信证券股份有限公司
王宗超	18	12	华泰证券股份有限公司
孙树明	19	1	东北证券股份有限公司
刘倩倩	20	7	太平洋证券股份有限公司

表2-38　三年期分析师预测准确性评价—最佳表现(2018.05.01—2021.04.30)
　　　　行业：工业—资本品5(航空航天与国防)

分析师姓名	最佳表现排名	平均跟踪股票数量	所属证券公司
石　康	1	19	兴业证券股份有限公司
冯福章	2	13	安信证券股份有限公司
段小虎	3	13	开源证券股份有限公司

(续表)

分析师姓名	最佳表现排名	平均跟踪股票数量	所属证券公司
彭 磊	4	12	国泰君安证券股份有限公司
黄 艳	5	16	兴业证券股份有限公司
王 超	6	13	招商证券股份有限公司
张恒旸	7	14	海通证券股份有限公司
邹润芳	8	12	天风证券股份有限公司
岑晓翔	9	13	招商证券股份有限公司
王宗超	10	12	华泰证券股份有限公司
李 良	11	10	中国银河证券股份有限公司
刘倩倩	12	7	太平洋证券股份有限公司
马浩然	13	7	太平洋证券股份有限公司
张 超	14	8	中航证券有限公司
王一川	15	8	民生证券股份有限公司
张 傲	16	5	安信证券股份有限公司
陆 洲	17	11	华西证券股份有限公司
陈鼎如	18	9	东北证券股份有限公司
王天一	19	9	东方证券股份有限公司
杨 宇	20	7	国泰君安证券股份有限公司

在2018年5月1日至2021年4月30日这三年的期间内,持续跟踪工业—资本品5(航空航天与国防)行业并作出每股收益预测的分析师有40名。由表2-37、表2-38可以看出,从平均预测准确性角度来看,排在前五名的分析师分别是：光大证券股份有限公司的刘凯、兴业证券股份有限公司的石康、安信证券股份有限公司的胡又文、国盛证券有限责任公司的余平和东方证券股份有限公司的王天一。从最佳预测准确性角度来看,排在前五名的分析师分别是：兴业证券股份有限公司的石康、安信证券股份有限公司的冯福章、开源证券股份有限公司的段小虎、国泰君安证券股份有限公司的彭磊和兴业证券股份有限公司的黄艳。

表2-39　三年期分析师预测准确性评价—平均表现(2018.05.01—2021.04.30)
　　　　行业：电信业务—电信业务(含电信服务与通信设备)

分析师姓名	平均表现排名	平均跟踪股票数量	所属证券公司
邹润芳	1	2	天风证券股份有限公司
贺茂飞	2	1	国元证券股份有限公司
胡剑	3	1	华泰证券股份有限公司
耿琛	4	3	华创证券有限责任公司
刘凯	5	9	光大证券股份有限公司
钱凯	6	1	中国国际金融股份有限公司
陈真洋	7	1	中国国际金融股份有限公司
宋嘉吉	8	8	国盛证券有限责任公司
余俊	9	10	招商证券股份有限公司
潘暕	10	5	天风证券股份有限公司
徐涛	11	4	中信证券股份有限公司
唐海清	12	21	天风证券股份有限公司
黄乐平	13	13	中国国际金融股份有限公司
郑震湘	14	2	国盛证券有限责任公司
张峥青	15	5	海通证券股份有限公司
石崎良	16	10	光大证券股份有限公司
王奕红	17	14	天风证券股份有限公司
闫慧辰	18	11	中国国际金融股份有限公司
陈宁玉	19	7	中泰证券股份有限公司
欧阳仕华	20	3	国信证券股份有限公司

表2-40　三年期分析师预测准确性评价—最佳表现(2018.05.01—2021.04.30)
　　　　行业：电信业务—电信业务(含电信服务与通信设备)

分析师姓名	最佳表现排名	平均跟踪股票数量	所属证券公司
唐海清	1	21	天风证券股份有限公司
顾海波	2	12	中信证券股份有限公司
孙树明	3	17	东北证券股份有限公司

(续表)

分析师姓名	最佳表现排名	平均跟踪股票数量	所属证券公司
余　俊	4	10	招商证券股份有限公司
刘　凯	5	9	光大证券股份有限公司
黄乐平	6	13	中国国际金融股份有限公司
朱劲松	7	15	海通证券股份有限公司
熊　军	8	15	华西证券股份有限公司
石崎良	9	10	光大证券股份有限公司
陈宁玉	10	7	中泰证券股份有限公司
闫慧辰	11	11	中国国际金融股份有限公司
宋嘉吉	12	8	国盛证券有限责任公司
张峥青	13	5	海通证券股份有限公司
王　林	14	11	华泰证券股份有限公司
程　成	15	16	国信证券股份有限公司
徐　勇	16	7	渤海证券股份有限公司
王奕红	17	14	天风证券股份有限公司
李宏涛	18	12	太平洋证券股份有限公司
潘　暕	19	5	天风证券股份有限公司
马天诣	20	8	安信证券股份有限公司

在2018年5月1日至2021年4月30日这三年的期间内,持续跟踪电信业务—电信业务(含电信服务与通信设备)行业并作出每股收益预测的分析师有66名。由表2-39、表2-40可以看出,从平均预测准确性角度来看,排在前五名的分析师分别是:天风证券股份有限公司的邹润芳、国元证券股份有限公司的贺茂飞、华泰证券股份有限公司的胡剑、华创证券有限责任公司的耿琛和光大证券股份有限公司的刘凯。从最佳预测准确性角度来看,排在前五名的分析师分别是:天风证券股份有限公司的唐海清、中信证券股份有限公司的顾海波、东北证券股份有限公司的孙树明、招商证券股份有限公司的余俊和光大证券股份有限公司的刘凯。

表 2-41　三年期分析师预测准确性评价—平均表现(2018.05.01—2021.04.30)
行业：能源—能源

分析师姓名	平均表现排名	平均跟踪股票数量	所属证券公司
黄　琨	1	1	国泰君安证券股份有限公司
刘　荣	2	1	招商证券股份有限公司
于夕朦	3	2	长城证券股份有限公司
吴　丹	4	1	招商证券股份有限公司
陈显帆	5	3	东吴证券股份有限公司
蔡　屹	6	2	兴业证券股份有限公司
裘孝锋	7	10	中国国际金融股份有限公司
吴　杰	8	7	海通证券股份有限公司
戴元灿	9	7	海通证券股份有限公司
范益民	10	2	国海证券股份有限公司
周　泰	11	17	安信证券股份有限公司
沈　涛	12	14	广发证券股份有限公司
王西典	13	5	招商证券股份有限公司
刘国清	14	2	太平洋证券股份有限公司
邓　勇	15	9	海通证券股份有限公司
罗　健	16	3	群益证券(香港)有限公司
李　淼	17	7	海通证券股份有限公司
罗立波	18	2	广发证券股份有限公司
安　鹏	19	14	广发证券股份有限公司
宋　炜	20	8	广发证券股份有限公司

表 2-42　三年期分析师预测准确性评价—最佳表现(2018.05.01—2021.04.30)
行业：能源—能源

分析师姓名	最佳表现排名	平均跟踪股票数量	所属证券公司
周　泰	1	17	安信证券股份有限公司
裘孝锋	2	10	中国国际金融股份有限公司
祖国鹏	3	15	中信证券股份有限公司

(续表)

分析师姓名	最佳表现排名	平均跟踪股票数量	所属证券公司
沈 涛	4	14	广发证券股份有限公司
翟 堃	5	14	国泰君安证券股份有限公司
邓 勇	6	9	海通证券股份有限公司
吴 杰	7	7	海通证券股份有限公司
杜 冲	8	10	信达证券股份有限公司
安 鹏	9	14	广发证券股份有限公司
戴元灿	10	7	海通证券股份有限公司
陈 晨	11	14	中泰证券股份有限公司
于夕朦	12	2	长城证券股份有限公司
黄 琨	13	1	国泰君安证券股份有限公司
蔡 屹	14	2	兴业证券股份有限公司
张樨樨	15	6	天风证券股份有限公司
孙羲昱	16	6	国泰君安证券股份有限公司
宋 炜	17	8	广发证券股份有限公司
杨 侃	18	3	民生证券股份有限公司
李 淼	19	7	海通证券股份有限公司
左前明	20	5	信达证券股份有限公司

在2018年5月1日至2021年4月30日这三年的期间内,持续跟踪能源—能源行业并作出每股收益预测的分析师有56名。由表2-41、表2-42可以看出,从平均预测准确性角度来看,排在前五名的分析师分别是:国泰君安证券股份有限公司的黄琨、招商证券股份有限公司的刘荣、长城证券股份有限公司的于夕朦、招商证券股份有限公司的吴丹和东吴证券股份有限公司的陈显帆。从最佳预测准确性角度来看,排在前五名的分析师分别是:安信证券股份有限公司的周泰、中国国际金融股份有限公司的裘孝锋、中信证券股份有限公司的祖国鹏、广发证券股份有限公司的沈涛和国泰君安证券股份有限公司的翟堃。

表 2-43　三年期分析师预测准确性评价——平均表现（2018.05.01—2021.04.30）
行业：金融地产—银行

分析师姓名	平均表现排名	平均跟踪股票数量	所属证券公司
林加力	1	10	海通证券股份有限公司
倪　军	2	17	广发证券股份有限公司
廖晨凯	3	6	群益证券(香港)有限公司
邱冠华	4	21	浙商证券股份有限公司
梁凤洁	5	11	浙商证券股份有限公司
刘志平	6	12	华西证券股份有限公司
戴志锋	7	26	中泰证券股份有限公司
屈　俊	8	18	广发证券股份有限公司
孙　婷	9	12	海通证券股份有限公司
王瑶平	10	17	中国国际金融股份有限公司
解巍巍	11	10	海通证券股份有限公司
傅慧芳	12	15	兴业证券股份有限公司
王　剑	13	17	国信证券股份有限公司
袁梓芳	14	19	中国国际金融股份有限公司
郭昶皓	15	15	国泰君安证券股份有限公司
廖志明	16	28	招商证券股份有限公司
李晴阳	17	12	华西证券股份有限公司
沈　娟	18	17	华泰证券股份有限公司
林瑾璐	19	11	东兴证券股份有限公司
陈绍兴	20	15	兴业证券股份有限公司

表 2-44　三年期分析师预测准确性评价——最佳表现（2018.05.01—2021.04.30）
行业：金融地产—银行

分析师姓名	最佳表现排名	平均跟踪股票数量	所属证券公司
倪　军	1	17	广发证券股份有限公司
邱冠华	2	21	浙商证券股份有限公司
王　剑	3	17	国信证券股份有限公司

(续表)

分析师姓名	最佳表现排名	平均跟踪股票数量	所属证券公司
郭 懿	4	15	万联证券股份有限公司
屈 俊	5	18	广发证券股份有限公司
戴志锋	6	26	中泰证券股份有限公司
廖志明	7	28	招商证券股份有限公司
孙 婷	8	12	海通证券股份有限公司
王瑶平	9	17	中国国际金融股份有限公司
傅慧芳	10	15	兴业证券股份有限公司
梁凤洁	11	11	浙商证券股份有限公司
袁梓芳	12	19	中国国际金融股份有限公司
刘志平	13	12	华西证券股份有限公司
沈 娟	14	17	华泰证券股份有限公司
郭其伟	15	17	民生证券股份有限公司
林瑾璐	16	11	东兴证券股份有限公司
廖晨凯	17	6	群益证券(香港)有限公司
励雅敏	18	15	中银国际证券股份有限公司
肖斐斐	19	15	中信证券股份有限公司
郭昶皓	20	15	国泰君安证券股份有限公司

在2018年5月1日至2021年4月30日这三年的期间内,持续跟踪金融地产—银行行业并作出每股收益预测的分析师有30名。由表2-43、表2-44可以看出,从平均预测准确性角度来看,排在前五名的分析师分别是:海通证券股份有限公司的林加力、广发证券股份有限公司的倪军、群益证券(香港)有限公司的廖晨凯、浙商证券股份有限公司的邱冠华和浙商证券股份有限公司的梁凤洁。从最佳预测准确性角度来看,排在前五名的分析师分别是:广发证券股份有限公司的倪军、浙商证券股份有限公司的邱冠华、国信证券股份有限公司的王剑、万联证券股份有限公司的郭懿和广发证券股份有限公司的屈俊。

表 2-45　三年期分析师预测准确性评价—平均表现(2018.05.01—2021.04.30)
行业：金融地产—非银金融(含保险、资本市场、其他金融)

分析师姓名	平均表现排名	平均跟踪股票数量	所属证券公司
孙　婷	1	19	海通证券股份有限公司
张继袖	2	1	渤海证券股份有限公司
刘欣琦	3	16	国泰君安证券股份有限公司
胡　翔	4	8	东吴证券股份有限公司
沈　娟	5	14	华泰证券股份有限公司
夏昌盛	6	9	天风证券股份有限公司
王瑶平	7	17	中国国际金融股份有限公司
戴志锋	8	5	中泰证券股份有限公司
何　婷	9	14	海通证券股份有限公司
傅慧芳	10	3	兴业证券股份有限公司
姚泽宇	11	11	中国国际金融股份有限公司
崔晓雁	12	9	华金证券股份有限公司
刘文强	13	8	长城证券股份有限公司
陆韵婷	14	4	中泰证券股份有限公司
高　超	15	11	开源证券股份有限公司
罗钻辉	16	12	天风证券股份有限公司
陈　福	17	11	广发证券股份有限公司
蒲　寒	18	12	中国国际金融股份有限公司
郑积沙	19	9	招商证券股份有限公司
陶圣禹	20	12	华泰证券股份有限公司

表 2-46　三年期分析师预测准确性评价—最佳表现(2018.05.01—2021.04.30)
行业：金融地产—非银金融(含保险、资本市场、其他金融)

分析师姓名	最佳表现排名	平均跟踪股票数量	所属证券公司
武平平	1	7	中国银河证券股份有限公司
刘文强	2	8	长城证券股份有限公司
沈　娟	3	14	华泰证券股份有限公司

（续表）

分析师姓名	最佳表现排名	平均跟踪股票数量	所属证券公司
刘欣琦	4	16	国泰君安证券股份有限公司
孙 婷	5	19	海通证券股份有限公司
郑积沙	6	9	招商证券股份有限公司
陈 福	7	11	广发证券股份有限公司
罗钻辉	8	12	天风证券股份有限公司
夏昌盛	9	9	天风证券股份有限公司
王瑶平	10	17	中国国际金融股份有限公司
陶圣禹	11	12	华泰证券股份有限公司
胡 翔	12	8	东吴证券股份有限公司
何 婷	13	14	海通证券股份有限公司
洪锦屏	14	10	华创证券有限责任公司
张经纬	15	10	安信证券股份有限公司
高 超	16	11	开源证券有限公司
崔晓雁	17	9	华金证券股份有限公司
张 洋	18	9	中原证券股份有限公司
戴志锋	19	5	中泰证券股份有限公司
王 剑	20	11	国信证券股份有限公司

在2018年5月1日至2021年4月30日这三年的期间内，持续跟踪金融地产—非银金融（含保险、资本市场、其他金融）行业并作出每股收益预测的分析师有45名。由表2-45、表2-46可以看出，从平均预测准确性角度来看，排在前五名的分析师分别是：海通证券股份有限公司的孙婷、渤海证券股份有限公司的张继袖、国泰君安证券股份有限公司的刘欣琦、东吴证券股份有限公司的胡翔和华泰证券股份有限公司的沈娟。从最佳预测准确性角度来看，排在前五名的分析师分别是：中国银河证券股份有限公司的武平平、长城证券股份有限公司的刘文强、华泰证券股份有限公司的沈娟、国泰君安证券股份有限公司的刘欣琦和海通证券股份有限公司的孙婷。

表2-47 三年期分析师预测准确性评价—平均表现(2018.05.01—2021.04.30)
行业：金融地产—房地产

分析师姓名	平均表现排名	平均跟踪股票数量	所属证券公司
刘文正	1	2	安信证券股份有限公司
张宇	2	21	中国国际金融股份有限公司
何缅南	3	8	光大证券股份有限公司
夏亦丰	4	4	方正证券股份有限公司
吴立	5	1	天风证券股份有限公司
刘璐	6	16	华泰证券股份有限公司
沈嘉婕	7	2	群益证券(香港)有限公司
阎常铭	8	11	兴业证券股份有限公司
王璞	9	9	中国国际金融股份有限公司
倪一琛	10	5	中泰证券股份有限公司
谢皓宇	11	13	国泰君安证券股份有限公司
涂力磊	12	30	海通证券股份有限公司
陈慎	13	20	华泰证券股份有限公司
齐东	14	11	开源证券股份有限公司
韩笑	15	18	华泰证券股份有限公司
袁豪	16	17	华创证券有限责任公司
王梦恺	17	7	光大证券股份有限公司
陈聪	18	12	中信证券股份有限公司
张俊	19	1	国盛证券有限责任公司
乐加栋	20	13	广发证券股份有限公司

表2-48 三年期分析师预测准确性评价—最佳表现(2018.05.01—2021.04.30)
行业：金融地产—房地产

分析师姓名	最佳表现排名	平均跟踪股票数量	所属证券公司
张宇	1	21	中国国际金融股份有限公司
谢皓宇	2	13	国泰君安证券股份有限公司
涂力磊	3	30	海通证券股份有限公司

(续表)

分析师姓名	最佳表现排名	平均跟踪股票数量	所属证券公司
阎常铭	4	11	兴业证券股份有限公司
郭 毅	5	9	兴业证券股份有限公司
胡华如	6	12	西南证券股份有限公司
何缅南	7	8	光大证券股份有限公司
由子沛	8	17	华西证券股份有限公司
刘 璐	9	16	华泰证券股份有限公司
夏亦丰	10	4	方正证券股份有限公司
任 鹤	11	11	国信证券股份有限公司
乐加栋	12	13	广发证券股份有限公司
陈 聪	13	12	中信证券股份有限公司
袁 豪	14	17	华创证券有限责任公司
白淑媛	15	11	国泰君安证券股份有限公司
王 璞	16	9	中国国际金融股份有限公司
齐 东	17	11	开源证券股份有限公司
韩 笑	18	18	华泰证券股份有限公司
郭 镇	19	13	广发证券股份有限公司
张全国	20	11	中信证券股份有限公司

在2018年5月1日至2021年4月30日这三年的期间内,持续跟踪金融地产—房地产行业并作出每股收益预测的分析师有40名。由表2-47、表2-48可以看出,从平均预测准确性角度来看,排在前五名的分析师分别是:安信证券股份有限公司的刘文正、中国国际金融股份有限公司的张宇、光大证券股份有限公司的何缅南、方正证券股份有限公司的夏亦丰和天风证券股份有限公司的吴立。从最佳预测准确性角度来看,排在前五名的分析师分别是:中国国际金融股份有限公司的张宇、国泰君安证券股份有限公司的谢皓宇、海通证券股份有限公司的涂力磊、兴业证券股份有限公司的阎常铭和兴业证券股份有限公司的郭毅。

3 五年期证券分析师预测准确性评价

3.1 数据来源与样本说明

五年期证券分析师预测准确性评价的数据期间为 2016 年 5 月 1 日至 2021 年 4 月 30 日。所有分析师预测数据来源于 CSMAR 数据库,涉及指标包括分析师姓名、分析师编码、所属证券公司名称、预测公司证券代码、证券简称、预测终止日、预测每股收益及实际每股收益。

在对五年期证券分析师预测准确性进行评价时,我们对分析师初始研究报告及预测数据按照如下原则进行剔除:(1)剔除针对非 A 股上市公司的研究报告;(2)剔除未对公司每股收益进行预测的研究报告;(3)分析师同一预测期间内进行多次每股收益预测时,保留该预测期间内最后一次每股收益预测;(4)同一研究报告中对未来多期每股收益进行预测时,保留最近一期每股收益预测。此外,在五年期证券分析师预测准确性评价中,我们仅对连续在行业内执业满五年的分析师进行了排名。

经上述筛选后,我们最终得到参与五年期证券分析师准确性评价的分析师共 833 名。其中,主要消费—食品、饮料与烟草(除农牧渔产品)行业 29 名,主要消费—农牧渔产品行业 15 名,信息技术—信息技术(含半导体、计算机及电子设备、计算机运用)行业 129 名,公用事业—公用事业行业 14 名,医药卫生—医药卫生(含医疗器械与服务、医药生物)行业 56 名,原材料—原材料 1(含化学制品、化学原料)行业 61 名,原材料—原材料 2(含建筑材料、有色金属、钢铁、非金属采矿及制品)行业 43 名,原材料—轻工(含家庭与个人用品、容器与包装、纸类与林业产品)行业 28 名,可选消费—传媒行业 24 名,可选消费—汽车与汽车零部件行业 32 名,可选消费—消费者服务、耐用消费品与服装行业 79 名,可选消费—零售业行业 15 名,工业—交通运输行业 20 名,工业—商业服务与用品行业 39 名,工业—资本品 1(含工业集团企业、建筑与工程、建筑产品)行业 28 名,工业—资本品 2(机械制造)行业 54 名,工业—资本品 3(环保设备、工程与服务)行业 16 名,工业—资本

4(电气设备)行业 46 名,工业—资本品 5(航空航天与国防)行业 8 名,电信业务—电信业务(含电信服务与通信设备)行业 19 名,能源—能源行业 25 名,金融地产—银行行业 14 名,金融地产—非银金融(含保险、资本市场、其他金融)行业 23 名,金融地产—房地产行业 16 名①。

3.2 五年期证券分析师预测准确性评价结果

我们按照第一章介绍的计算方法,首先计算出各行业内每位分析师各年度每股收益预测的平均表现得分及最佳表现得分,在此基础上对分析师在行业内五年表现(平均表现和最佳表现两个维度)得分求平均,按照五年平均标准分由低到高进行排序②,若标准分相同,平均跟踪行业公司数量多的优先,若仍相同,按分析师姓名排序。按上述方法得到五年期的分行业证券分析师预测准确性排名如下,因篇幅所限,我们只列示了各行业内排名前 10 名的分析师,若不足 10 名,则全部列示。

表 3-1 五年期分析师预测准确性评价—平均表现(2016.05.01—2021.04.30)
行业:主要消费—食品、饮料与烟草(除农牧渔产品)

分析师姓名	平均表现排名	平均跟踪股票数量	所属证券公司③
文 献	1	16	华安证券股份有限公司
范劲松	2	21	中泰证券股份有限公司
薛玉虎	3	24	方正证券股份有限公司
苏 铖	4	25	安信证券股份有限公司
于 杰	5	30	民生证券股份有限公司
朱会振	6	21	西南证券股份有限公司
汤玮亮	7	14	中银国际证券股份有限公司
王永锋	8	26	广发证券股份有限公司
董广阳	9	23	华创证券有限责任公司
李 强	10	34	东北证券股份有限公司

① 因存在同一分析师跟踪不同行业的情况,因此证券分析师总数与各行业分析师数量加总数不一致。
② 标准分越低,预测误差相对越小,预测准确度相对越高。
③ 所属证券公司信息为分析师 2016.05.01—2021.04.30 期间最后一次发布报告时所处的证券公司,下同。

表 3-2　五年期分析师预测准确性评价—最佳表现(2016.05.01—2021.04.30)
　　　　行业：主要消费—食品、饮料与烟草(除农牧渔产品)

分析师姓名	最佳表现排名	平均跟踪股票数量	所属证券公司
苏铖	1	25	安信证券股份有限公司
薛玉虎	2	24	方正证券股份有限公司
朱会振	3	21	西南证券股份有限公司
范劲松	4	21	中泰证券股份有限公司
文献	5	16	华安证券股份有限公司
董广阳	6	23	华创证券有限责任公司
王永锋	7	26	广发证券股份有限公司
李强	8	34	东北证券股份有限公司
于杰	9	30	民生证券股份有限公司
黄付生	10	35	太平洋证券股份有限公司

在2016年5月1日至2021年4月30日这五年的期间内,持续跟踪主要消费—食品、饮料与烟草(除农牧渔产品)行业并作出每股收益预测的分析师有29名。由表3-1、表3-2可以看出,从平均预测准确性角度来看,排在前五名的分析师分别是：华安证券股份有限公司的文献、中泰证券股份有限公司的范劲松、方正证券股份有限公司的薛玉虎、安信证券股份有限公司的苏铖和民生证券股份有限公司的于杰。从最佳预测准确性角度来看,排在前五名的分析师分别是：安信证券股份有限公司的苏铖、方正证券股份有限公司的薛玉虎、西南证券股份有限公司的朱会振、中泰证券股份有限公司的范劲松和华安证券股份有限公司的文献。

表 3-3　五年期分析师预测准确性评价—平均表现(2016.05.01—2021.04.30)
　　　　行业：主要消费—农牧渔产品

分析师姓名	平均表现排名	平均跟踪股票数量	所属证券公司
丁频	1	14	海通证券股份有限公司
孙扬	2	10	中国国际金融股份有限公司
文献	3	2	华安证券股份有限公司
钟凯锋	4	13	国泰君安证券股份有限公司
王乾	5	10	广发证券股份有限公司

(续表)

分析师姓名	平均表现排名	平均跟踪股票数量	所属证券公司
王 莺	6	7	华安证券股份有限公司
吴 立	7	18	天风证券股份有限公司
钱 浩	8	8	广发证券股份有限公司
陈雪丽	9	13	开源证券股份有限公司
陈 娇	10	20	兴业证券股份有限公司

表 3-4 五年期分析师预测准确性评价—最佳表现(2016.05.01—2021.04.30)
行业：主要消费—农牧渔产品

分析师姓名	最佳表现排名	平均跟踪股票数量	所属证券公司
吴 立	1	18	天风证券股份有限公司
钟凯锋	2	13	国泰君安证券股份有限公司
陈 娇	3	20	兴业证券股份有限公司
丁 频	4	14	海通证券股份有限公司
王 乾	5	10	广发证券股份有限公司
盛 夏	6	15	中信证券股份有限公司
陈雪丽	7	13	开源证券股份有限公司
钱 浩	8	8	广发证券股份有限公司
孙 扬	9	10	中国国际金融股份有限公司
王 莺	10	7	华安证券股份有限公司

在 2016 年 5 月 1 日至 2021 年 4 月 30 日这五年的期间内,持续跟踪主要消费—农牧渔产品行业并作出每股收益预测的分析师有 15 名。由表 3-3、表 3-4 可以看出,从平均预测准确性角度来看,排在前五名的分析师分别是：海通证券股份有限公司的丁频、中国国际金融股份有限公司的孙扬、华安证券股份有限公司的文献、国泰君安证券股份有限公司的钟凯锋和广发证券股份有限公司的王乾。从最佳预测准确性角度来看,排在前五名的分析师分别是：天风证券股份有限公司的吴立、国泰君安证券股份有限公司的钟凯锋、兴业证券股份有限公司的陈娇、海通证券股份有限公司的丁频和广发证券股份有限公司的王乾。

表3-5 五年期分析师预测准确性评价—平均表现(2016.05.01—2021.04.30)
行业：信息技术—信息技术(含半导体、计算机及电子设备、计算机运用)

分析师姓名	平均表现排名	平均跟踪股票数量	所属证券公司
郭丽丽	1	1	天风证券股份有限公司
鞠兴海	2	1	国盛证券有限责任公司
刘 荣	3	3	招商证券股份有限公司
冯福章	4	4	安信证券股份有限公司
孔令鑫	5	8	中国国际金融股份有限公司
李 典	6	2	国元证券股份有限公司
陈 彦	7	2	中国国际金融股份有限公司
康雅雯	8	10	中泰证券股份有限公司
刘玉萍	9	13	招商证券股份有限公司
高宏博	10	12	浙商证券股份有限公司

表3-6 五年期分析师预测准确性评价—最佳表现(2016.05.01—2021.04.30)
行业：信息技术—信息技术(含半导体、计算机及电子设备、计算机运用)

分析师姓名	最佳表现排名	平均跟踪股票数量	所属证券公司
胡又文	1	64	安信证券股份有限公司
郑宏达	2	43	海通证券股份有限公司
刘雪峰	3	28	广发证券股份有限公司
许兴军	4	31	广发证券股份有限公司
沈海兵	5	38	天风证券股份有限公司
谢春生	6	45	华泰证券股份有限公司
孙远峰	7	26	华西证券股份有限公司
闻学臣	8	30	中泰证券股份有限公司
刘 言	9	19	西南证券股份有限公司
郑震湘	10	29	国盛证券有限责任公司

在2016年5月1日至2021年4月30日这五年的期间内,持续跟踪信息技术—信息技术(含半导体、计算机及电子设备、计算机运用)行业并作出每股收益预测的分析师有129名。由表3-5、表3-6可以看出,从平均预测准确性角度来看,

排在前五名的分析师分别是：天风证券股份有限公司的郭丽丽、国盛证券有限责任公司的鞠兴海、招商证券股份有限公司的刘荣、安信证券股份有限公司的冯福章和中国国际金融股份有限公司的孔令鑫。从最佳预测准确性角度来看，排在前五名的分析师分别是：安信证券股份有限公司的胡又文、海通证券股份有限公司的郑宏达、广发证券股份有限公司的刘雪峰、广发证券股份有限公司的许兴军和天风证券股份有限公司的沈海兵。

表3-7 五年期分析师预测准确性评价—平均表现(2016.05.01—2021.04.30)
行业：公用事业—公用事业

分析师姓名	平均表现排名	平均跟踪股票数量	所属证券公司
袁理	1	1	东吴证券股份有限公司
沈成	2	2	中银国际证券股份有限公司
李想	3	8	中信证券股份有限公司
杨心成	4	2	国盛证券有限责任公司
王颖婷	5	7	西南证券股份有限公司
郑丹丹	6	2	东兴证券股份有限公司
郭鹏	7	8	广发证券股份有限公司
邵琳琳	8	9	安信证券股份有限公司
朱纯阳	9	8	招商证券股份有限公司
冀丽俊	10	4	上海证券有限责任公司

表3-8 五年期分析师预测准确性评价—最佳表现(2016.05.01—2021.04.30)
行业：公用事业—公用事业

分析师姓名	最佳表现排名	平均跟踪股票数量	所属证券公司
李想	1	8	中信证券股份有限公司
邵琳琳	2	9	安信证券股份有限公司
郭丽丽	3	11	天风证券股份有限公司
王颖婷	4	7	西南证券股份有限公司
朱纯阳	5	8	招商证券股份有限公司

(续表)

分析师姓名	最佳表现排名	平均跟踪股票数量	所属证券公司
沈 成	6	2	中银国际证券股份有限公司
郭 鹏	7	8	广发证券股份有限公司
杨心成	8	2	国盛证券有限责任公司
张 晨	9	6	招商证券股份有限公司
袁 理	10	1	东吴证券股份有限公司

在2016年5月1日至2021年4月30日这五年的期间内,持续跟踪公用事业—公用事业行业并作出每股收益预测的分析师有14名。由表3-7、表3-8可以看出,从平均预测准确性角度来看,排在前五名的分析师分别是:东吴证券股份有限公司的袁理、中银国际证券股份有限公司的沈成、中信证券股份有限公司的李想、国盛证券有限责任公司的杨心成和西南证券股份有限公司的王颖婷。从最佳预测准确性角度来看,排在前五名的分析师分别是:中信证券股份有限公司的李想、安信证券股份有限公司的邵琳琳、天风证券股份有限公司的郭丽丽、西南证券股份有限公司的王颖婷和招商证券股份有限公司的朱纯阳。

表3-9 五年期分析师预测准确性评价—平均表现(2016.05.01—2021.04.30)
行业:医药卫生—医药卫生(含医疗器械与服务、医药生物)

分析师姓名	平均表现排名	平均跟踪股票数量	所属证券公司
刘雪峰	1	1	广发证券股份有限公司
李 辉	2	1	天风证券股份有限公司
郝 彪	3	1	东吴证券股份有限公司
江 琦	4	39	中泰证券股份有限公司
姜国平	5	1	光大证券股份有限公司
吴 立	6	7	天风证券股份有限公司
孙 扬	7	4	中国国际金融股份有限公司
唐爱金	8	13	方正证券股份有限公司
盛 夏	9	4	中信证券股份有限公司
邹 朋	10	42	中国国际金融股份有限公司

表3-10　五年期分析师预测准确性评价—最佳表现(2016.05.01—2021.04.30)
行业：医药卫生—医药卫生(含医疗器械与服务、医药生物)

分析师姓名	最佳表现排名	平均跟踪股票数量	所属证券公司
江　琦	1	39	中泰证券股份有限公司
张金洋	2	41	国盛证券有限责任公司
徐佳熹	3	65	兴业证券股份有限公司
叶　寅	4	34	平安证券股份有限公司
周小刚	5	25	方正证券股份有限公司
丁　丹	6	40	国泰君安证券股份有限公司
邹　朋	7	42	中国国际金融股份有限公司
崔文亮	8	36	华西证券股份有限公司
代　雯	9	24	华泰证券股份有限公司
罗佳荣	10	31	广发证券股份有限公司

在2016年5月1日至2021年4月30日这五年的期间内，持续跟踪医药卫生—医药卫生(含医疗器械与服务、医药生物)行业并作出每股收益预测的分析师有56名。由表3-9、表3-10可以看出，从平均预测准确性角度来看，排在前五名的分析师分别是：广发证券股份有限公司的刘雪峰、天风证券股份有限公司的李辉、东吴证券股份有限公司的郝彪、中泰证券股份有限公司的江琦和光大证券股份有限公司的姜国平。从最佳预测准确性角度来看，排在前五名的分析师分别是：中泰证券股份有限公司的江琦、国盛证券有限责任公司的张金洋、兴业证券股份有限公司的徐佳熹、平安证券股份有限公司的叶寅和方正证券股份有限公司的周小刚。

表3-11　五年期分析师预测准确性评价—平均表现(2016.05.01—2021.04.30)
行业：原材料—原材料1(含化学制品、化学原料)

分析师姓名	平均表现排名	平均跟踪股票数量	所属证券公司
李隆海	1	3	东莞证券股份有限公司
邹兰兰	2	12	长城证券股份有限公司
邹润芳	3	3	天风证券股份有限公司
周　铮	4	25	招商证券股份有限公司
邹　戈	5	5	广发证券股份有限公司

(续表)

分析师姓名	平均表现排名	平均跟踪股票数量	所属证券公司
杨诚笑	6	2	天风证券股份有限公司
陈浩武	7	3	中银国际证券股份有限公司
曾朵红	8	3	东吴证券股份有限公司
李 璇	9	26	中国国际金融股份有限公司
游家训	10	2	招商证券股份有限公司

表3-12 五年期分析师预测准确性评价—最佳表现(2016.05.01—2021.04.30)
行业：原材料—原材料1(含化学制品、化学原料)

分析师姓名	最佳表现排名	平均跟踪股票数量	所属证券公司
周 铮	1	25	招商证券股份有限公司
刘 威	2	69	海通证券股份有限公司
李 辉	3	23	天风证券股份有限公司
刘 曦	4	20	华泰证券股份有限公司
杨 林	5	29	国信证券股份有限公司
杨 伟	6	31	华西证券股份有限公司
商艾华	7	31	国信证券股份有限公司
李 璇	8	26	中国国际金融股份有限公司
王席鑫	9	20	国盛证券有限责任公司
代鹏举	10	25	国海证券股份有限公司

在2016年5月1日至2021年4月30日这五年的期间内,持续跟踪原材料—原材料1(含化学制品、化学原料)行业并作出每股收益预测的分析师有61名。由表3-11、表3-12可以看出,从平均预测准确性角度来看,排在前五名的分析师分别是：东莞证券股份有限公司的李隆海、长城证券股份有限公司的邹兰兰、天风证券股份有限公司的邹润芳、招商证券股份有限公司的周铮和广发证券股份有限公司的邹戈。从最佳预测准确性角度来看,排在前五名的分析师分别是：招商证券股份有限公司的周铮、海通证券股份有限公司的刘威、天风证券股份有限公司的李辉、华泰证券股份有限公司的刘曦和国信证券股份有限公司的杨林。

表 3-13　五年期分析师预测准确性评价—平均表现(2016.05.01—2021.04.30)
行业：原材料—原材料 2(含建筑材料、有色金属、钢铁、非金属采矿及制品)

分析师姓名	平均表现排名	平均跟踪股票数量	所属证券公司
笃　慧	1	21	中泰证券股份有限公司
李隆海	2	1	东莞证券股份有限公司
孙伟风	3	4	光大证券股份有限公司
陈　彦	4	30	中国国际金融股份有限公司
王招华	5	10	光大证券股份有限公司
黄诗涛	6	9	国盛证券有限责任公司
邹　戈	7	8	广发证券股份有限公司
王玮嘉	8	1	华泰证券股份有限公司
鲍雁辛	9	24	国泰君安证券股份有限公司
陈浩武	10	10	中银国际证券股份有限公司

表 3-14　五年期分析师预测准确性评价—最佳表现(2016.05.01—2021.04.30)
行业：原材料—原材料 2(含建筑材料、有色金属、钢铁、非金属采矿及制品)

分析师姓名	最佳表现排名	平均跟踪股票数量	所属证券公司
邱祖学	1	39	兴业证券股份有限公司
笃　慧	2	21	中泰证券股份有限公司
鲍雁辛	3	24	国泰君安证券股份有限公司
李　斌	4	24	华泰证券股份有限公司
陈浩武	5	10	中银国际证券股份有限公司
任志强	6	32	华创证券有限责任公司
杨诚笑	7	22	天风证券股份有限公司
陈　彦	8	30	中国国际金融股份有限公司
鲍荣富	9	13	天风证券股份有限公司
巨国贤	10	21	广发证券股份有限公司

在 2016 年 5 月 1 日至 2021 年 4 月 30 日这五年的期间内,持续跟踪原材料—原材料 2(含建筑材料、有色金属、钢铁、非金属采矿及制品)行业并作出每股收益预测的分析师有 43 名。由表 3-13、表 3-14 可以看出,从平均预测准确性角度来

看,排在前五名的分析师分别是:中泰证券股份有限公司的笃慧、东莞证券股份有限公司的李隆海、光大证券股份有限公司的孙伟风、中国国际金融股份有限公司的陈彦和光大证券股份有限公司的王招华。从最佳预测准确性角度来看,排在前五名的分析师分别是:兴业证券股份有限公司的邱祖学、中泰证券股份有限公司的笃慧、国泰君安证券股份有限公司的鲍雁辛、华泰证券股份有限公司的李斌和中银国际证券股份有限公司的陈浩武。

表3-15 五年期分析师预测准确性评价—平均表现(2016.05.01—2021.04.30)
行业:原材料—轻工(含家庭与个人用品、容器与包装、纸类与林业产品)

分析师姓名	平均表现排名	平均跟踪股票数量	所属证券公司
邹 戈	1	2	广发证券股份有限公司
鲍荣富	2	2	华泰证券股份有限公司
樊俊豪	3	9	中国国际金融股份有限公司
谢 璐	4	2	广发证券股份有限公司
訾 猛	5	4	国泰君安证券股份有限公司
鲍雁辛	6	2	国泰君安证券股份有限公司
郑 恺	7	10	招商证券股份有限公司
赵中平	8	8	广发证券股份有限公司
穆方舟	9	8	国泰君安证券股份有限公司
洪 涛	10	3	广发证券股份有限公司

表3-16 五年期分析师预测准确性评价—最佳表现(2016.05.01—2021.04.30)
行业:原材料—轻工(含家庭与个人用品、容器与包装、纸类与林业产品)

分析师姓名	最佳表现排名	平均跟踪股票数量	所属证券公司
徐林锋	1	8	华西证券股份有限公司
樊俊豪	2	9	中国国际金融股份有限公司
陈羽锋	3	7	华泰证券股份有限公司
郑 恺	4	10	招商证券股份有限公司
唐 凯	5	8	东北证券股份有限公司

(续表)

分析师姓名	最佳表现排名	平均跟踪股票数量	所属证券公司
赵中平	6	8	广发证券股份有限公司
穆方舟	7	8	国泰君安证券股份有限公司
范张翔	8	7	天风证券股份有限公司
李宏鹏	9	9	招商证券股份有限公司
陈柏儒	10	6	首创证券有限责任公司

在2016年5月1日至2021年4月30日这五年的期间内,持续跟踪原材料—轻工(含家庭与个人用品、容器与包装、纸类与林业产品)行业并作出每股收益预测的分析师有28名。由表3-15、表3-16可以看出,从平均预测准确性角度来看,排在前五名的分析师分别是:广发证券股份有限公司的邹戈、华泰证券股份有限公司的鲍荣富、中国国际金融股份有限公司的樊俊豪、广发证券股份有限公司的谢璐和国泰君安证券股份有限公司的訾猛。从最佳预测准确性角度来看,排在前五名的分析师分别是:华西证券股份有限公司的徐林锋、中国国际金融股份有限公司的樊俊豪、华泰证券股份有限公司的陈羽锋、招商证券股份有限公司的郑恺和东北证券股份有限公司的唐凯。

表3-17 五年期分析师预测准确性评价—平均表现(2016.05.01—2021.04.30)
行业:可选消费—传媒

分析师姓名	平均表现排名	平均跟踪股票数量	所属证券公司
文 浩	1	9	天风证券股份有限公司
旷 实	2	11	广发证券股份有限公司
刘 言	3	15	西南证券股份有限公司
李 典	4	3	国元证券股份有限公司
顾 晟	5	4	国盛证券有限责任公司
康雅雯	6	12	中泰证券股份有限公司
顾 佳	7	10	招商证券股份有限公司
方光照	8	4	开源证券股份有限公司
焦 娟	9	15	安信证券股份有限公司
杨仁文	10	7	方正证券股份有限公司

表3-18　五年期分析师预测准确性评价—最佳表现(2016.05.01—2021.04.30)
行业：可选消费—传媒

分析师姓名	最佳表现排名	平均跟踪股票数量	所属证券公司
郝艳辉	1	18	海通证券股份有限公司
刘言	2	15	西南证券股份有限公司
张衡	3	13	国信证券股份有限公司
文浩	4	9	天风证券股份有限公司
陈筱	5	14	国泰君安证券股份有限公司
顾佳	6	10	招商证券股份有限公司
焦娟	7	15	安信证券股份有限公司
康雅雯	8	12	中泰证券股份有限公司
旷实	9	11	广发证券股份有限公司
张良卫	10	10	东吴证券股份有限公司

在2016年5月1日至2021年4月30日这五年的期间内，持续跟踪可选消费—传媒行业并作出每股收益预测的分析师有24名。由表3-17、表3-18可以看出，从平均预测准确性角度来看，排在前五名的分析师分别是：天风证券股份有限公司的文浩、广发证券股份有限公司的旷实、西南证券股份有限公司的刘言、国元证券股份有限公司的李典和国盛证券有限责任公司的顾晟。从最佳预测准确性角度来看，排在前五名的分析师分别是：海通证券股份有限公司的郝艳辉、西南证券股份有限公司的刘言、国信证券股份有限公司的张衡、天风证券股份有限公司的文浩和国泰君安证券股份有限公司的陈筱。

表3-19　五年期分析师预测准确性评价—平均表现(2016.05.01—2021.04.30)
行业：可选消费—汽车与汽车零部件

分析师姓名	平均表现排名	平均跟踪股票数量	所属证券公司
文浩	1	1	天风证券股份有限公司
刘军	2	5	东北证券股份有限公司
汪刘胜	3	20	招商证券股份有限公司
陈俊斌	4	22	中信证券股份有限公司
王德安	5	14	平安证券股份有限公司
董瑞斌	6	2	招商证券股份有限公司

分析师姓名	平均表现排名	平均跟踪股票数量	所属证券公司
郑连声	7	10	渤海证券股份有限公司
梁 超	8	18	国信证券股份有限公司
曾朵红	9	1	东吴证券股份有限公司
黄细里	10	8	东吴证券股份有限公司

表 3-20 五年期分析师预测准确性评价—最佳表现(2016.05.01—2021.04.30)
行业：可选消费—汽车与汽车零部件

分析师姓名	最佳表现排名	平均跟踪股票数量	所属证券公司
邓 学	1	23	中国国际金融股份有限公司
汪刘胜	2	20	招商证券股份有限公司
姜雪晴	3	15	东方证券股份有限公司
彭 勇	4	20	财通证券股份有限公司
于 特	5	23	方正证券股份有限公司
梁 超	6	18	国信证券股份有限公司
白 宇	7	21	太平洋证券股份有限公司
陈俊斌	8	22	中信证券股份有限公司
黄细里	9	8	东吴证券股份有限公司
王德安	10	14	平安证券股份有限公司

在2016年5月1日至2021年4月30日这五年的期间内,持续跟踪可选消费—汽车与汽车零部件行业并作出每股收益预测的分析师有32名。由表3-19、表3-20可以看出,从平均预测准确性角度来看,排在前五名的分析师分别是：天风证券股份有限公司的文浩、东北证券股份有限公司的刘军、招商证券股份有限公司的汪刘胜、中信证券股份有限公司的陈俊斌和平安证券股份有限公司的王德安。从最佳预测准确性角度来看,排在前五名的分析师分别是：中国国际金融股份有限公司的邓学、招商证券股份有限公司的汪刘胜、东方证券股份有限公司的姜雪晴、财通证券股份有限公司的彭勇和方正证券股份有限公司的于特。

表3-21　五年期分析师预测准确性评价—平均表现(2016.05.01—2021.04.30)
行业：可选消费—消费者服务、耐用消费品与服装

分析师姓名	平均表现排名	平均跟踪股票数量	所属证券公司
唐佳睿	1	6	光大证券股份有限公司
洪 涛	2	3	广发证券股份有限公司
樊俊豪	3	6	中国国际金融股份有限公司
何 伟	4	24	中国国际金融股份有限公司
訾 猛	5	4	国泰君安证券股份有限公司
王凌涛	6	1	太平洋证券股份有限公司
安 鹏	7	14	广发证券股份有限公司
雷慧华	8	4	安信证券股份有限公司
蔡雯娟	9	17	天风证券股份有限公司
陈显帆	10	2	东吴证券股份有限公司

表3-22　五年期分析师预测准确性评价—最佳表现(2016.05.01—2021.04.30)
行业：可选消费—消费者服务、耐用消费品与服装

分析师姓名	最佳表现排名	平均跟踪股票数量	所属证券公司
姜 娅	1	14	中信证券股份有限公司
张立聪	2	21	安信证券股份有限公司
糜韩杰	3	23	广发证券股份有限公司
陈子仪	4	17	海通证券股份有限公司
施红梅	5	21	东方证券股份有限公司
唐 凯	6	15	东北证券股份有限公司
何 伟	7	24	中国国际金融股份有限公司
魏红梅	8	11	东莞证券股份有限公司
曾 婵	9	20	广发证券股份有限公司
鞠兴海	10	18	国盛证券有限责任公司

在2016年5月1日至2021年4月30日这五年的期间内,持续跟踪可选消费—消费者服务、耐用消费品与服装行业并作出每股收益预测的分析师有79名。由表3-21、表3-22可以看出,从平均预测准确性角度来看,排在前五名的分析师

分别是：光大证券股份有限公司的唐佳睿、广发证券股份有限公司的洪涛、中国国际金融股份有限公司的樊俊豪、中国国际金融股份有限公司的何伟和国泰君安证券股份有限公司的訾猛。从最佳预测准确性角度来看，排在前五名的分析师分别是：中信证券股份有限公司的姜娅、安信证券股份有限公司的张立聪、广发证券股份有限公司的糜韩杰、海通证券股份有限公司的陈子仪和东方证券股份有限公司的施红梅。

表3-23 五年期分析师预测准确性评价—平均表现(2016.05.01—2021.04.30)
行业：可选消费—零售业

分析师姓名	平均表现排名	平均跟踪股票数量	所属证券公司
穆方舟	1	1	国泰君安证券股份有限公司
唐佳睿	2	25	光大证券股份有限公司
李婕	3	2	国金证券股份有限公司
樊俊豪	4	12	中国国际金融股份有限公司
汪立亭	5	13	海通证券股份有限公司
訾猛	6	14	国泰君安证券股份有限公司
徐晓芳	7	11	中信证券股份有限公司
施红梅	8	1	东方证券股份有限公司
梁希	9	1	海通证券股份有限公司
洪涛	10	13	广发证券股份有限公司

表3-24 五年期分析师预测准确性评价—最佳表现(2016.05.01—2021.04.30)
行业：可选消费—零售业

分析师姓名	最佳表现排名	平均跟踪股票数量	所属证券公司
唐佳睿	1	25	光大证券股份有限公司
訾猛	2	14	国泰君安证券股份有限公司
汪立亭	3	13	海通证券股份有限公司
徐晓芳	4	11	中信证券股份有限公司
刘章明	5	13	天风证券股份有限公司
洪涛	6	13	广发证券股份有限公司

(续表)

分析师姓名	最佳表现排名	平均跟踪股票数量	所属证券公司
樊俊豪	7	12	中国国际金融股份有限公司
彭 瑛	8	7	国泰君安证券股份有限公司
李 婕	9	2	国金证券股份有限公司
陈彦辛	10	10	国泰君安证券股份有限公司

在2016年5月1日至2021年4月30日这五年的期间内,持续跟踪可选消费—零售业行业并作出每股收益预测的分析师有15名。由表3-23、表3-24可以看出,从平均预测准确性角度来看,排在前五名的分析师分别是:国泰君安证券股份有限公司的穆方舟、光大证券股份有限公司的唐佳睿、国金证券股份有限公司的李婕、中国国际金融股份有限公司的樊俊豪和海通证券股份有限公司的汪立亭。从最佳预测准确性角度来看,排在前五名的分析师分别是:光大证券股份有限公司的唐佳睿、国泰君安证券股份有限公司的訾猛、海通证券股份有限公司的汪立亭、中信证券股份有限公司的徐晓芳和天风证券股份有限公司的刘章明。

表3-25 五年期分析师预测准确性评价—平均表现(2016.05.01—2021.04.30)
行业:工业—交通运输

分析师姓名	平均表现排名	平均跟踪股票数量	所属证券公司
杨 鑫	1	32	中国国际金融股份有限公司
郑 武	2	17	国泰君安证券股份有限公司
岳 鑫	3	8	国泰君安证券股份有限公司
吴一凡	4	21	华创证券有限责任公司
姜 明	5	26	国信证券股份有限公司
沈晓峰	6	27	华泰证券股份有限公司
龚 里	7	25	兴业证券股份有限公司
苏宝亮	8	23	招商证券股份有限公司
皇甫晓晗	9	5	国泰君安证券股份有限公司
吉 理	10	9	兴业证券股份有限公司

表 3-26　五年期分析师预测准确性评价—最佳表现(2016.05.01—2021.04.30)
行业：工业—交通运输

分析师姓名	最佳表现排名	平均跟踪股票数量	所属证券公司
沈晓峰	1	27	华泰证券股份有限公司
郑 武	2	17	国泰君安证券股份有限公司
杨 鑫	3	32	中国国际金融股份有限公司
吴一凡	4	21	华创证券有限责任公司
瞿永忠	5	22	东北证券股份有限公司
龚 里	6	25	兴业证券股份有限公司
姜 明	7	26	国信证券股份有限公司
苏宝亮	8	23	招商证券股份有限公司
罗江南	9	13	长城证券股份有限公司
张晓云	10	18	兴业证券股份有限公司

在2016年5月1日至2021年4月30日这五年的期间内，持续跟踪工业—交通运输行业并作出每股收益预测的分析师有20名。由表3-25、表3-26可以看出，从平均预测准确性角度来看，排在前五名的分析师分别是：中国国际金融股份有限公司的杨鑫、国泰君安证券股份有限公司的郑武、国泰君安证券股份有限公司的岳鑫、华创证券有限责任公司的吴一凡和国信证券股份有限公司的姜明。从最佳预测准确性角度来看，排在前五名的分析师分别是：华泰证券股份有限公司的沈晓峰、国泰君安证券股份有限公司的郑武、中国国际金融股份有限公司的杨鑫、华创证券有限责任公司的吴一凡和东北证券股份有限公司的瞿永忠。

表 3-27　五年期分析师预测准确性评价—平均表现(2016.05.01—2021.04.30)
行业：工业—商业服务与用品

分析师姓名	平均表现排名	平均跟踪股票数量	所属证券公司
郭海燕	1	1	中国国际金融股份有限公司
杨志威	2	2	中银国际证券股份有限公司
杜市伟	3	2	海通证券股份有限公司
祖国鹏	4	1	中信证券股份有限公司
鲍荣富	5	3	天风证券股份有限公司
雷慧华	6	3	安信证券股份有限公司

(续表)

分析师姓名	平均表现排名	平均跟踪股票数量	所属证券公司
沈晓峰	7	1	华泰证券股份有限公司
郭 鹏	8	1	广发证券股份有限公司
谭 倩	9	2	国海证券股份有限公司
李 婕	10	1	光大证券股份有限公司

表 3-28　五年期分析师预测准确性评价—最佳表现(2016.05.01—2021.04.30)
行业：工业—商业服务与用品

分析师姓名	最佳表现排名	平均跟踪股票数量	所属证券公司
徐林锋	1	4	华西证券股份有限公司
樊俊豪	2	5	中国国际金融股份有限公司
鲍荣富	3	3	天风证券股份有限公司
赵中平	4	3	广发证券股份有限公司
夏 天	5	3	国盛证券有限责任公司
杜市伟	6	2	海通证券股份有限公司
雷慧华	7	3	安信证券股份有限公司
韩其成	8	3	国泰君安证券股份有限公司
谭 倩	9	2	国海证券股份有限公司
杨志威	10	2	中银国际证券股份有限公司

在2016年5月1日至2021年4月30日这五年的期间内,持续跟踪工业—商业服务与用品行业并作出每股收益预测的分析师有39名。由表3-27、表3-28可以看出,从平均预测准确性角度来看,排在前五名的分析师分别是：中国国际金融股份有限公司的郭海燕、中银国际证券股份有限公司的杨志威、海通证券股份有限公司的杜市伟、中信证券股份有限公司的祖国鹏和天风证券股份有限公司的鲍荣富。从最佳预测准确性角度来看,排在前五名的分析师分别是：华西证券股份有限公司的徐林锋、中国国际金融股份有限公司的樊俊豪、天风证券股份有限公司的鲍荣富、广发证券股份有限公司的赵中平和国盛证券有限责任公司的夏天。

表3-29　五年期分析师预测准确性评价—平均表现(2016.05.01—2021.04.30)
行业：工业—资本品1(含工业集团企业、建筑与工程、建筑产品)

分析师姓名	平均表现排名	平均跟踪股票数量	所属证券公司
杨 侃	1	1	平安证券股份有限公司
夏 天	2	19	国盛证券有限责任公司
邹 戈	3	4	广发证券股份有限公司
冯晨阳	4	4	海通证券股份有限公司
谢 璐	5	4	广发证券股份有限公司
谭 倩	6	3	国海证券股份有限公司
花小伟	7	2	德邦证券股份有限公司
杨 侃	8	2	民生证券股份有限公司
鲍荣富	9	27	天风证券股份有限公司
韩其成	10	29	国泰君安证券股份有限公司

表3-30　五年期分析师预测准确性评价—最佳表现(2016.05.01—2021.04.30)
行业：工业—资本品1(含工业集团企业、建筑与工程、建筑产品)

分析师姓名	最佳表现排名	平均跟踪股票数量	所属证券公司
夏 天	1	19	国盛证券有限责任公司
韩其成	2	29	国泰君安证券股份有限公司
孟 杰	3	25	兴业证券股份有限公司
鲍荣富	4	27	天风证券股份有限公司
唐 笑	5	29	天风证券股份有限公司
王小勇	6	20	东北证券股份有限公司
苏多永	7	17	安信证券股份有限公司
杜市伟	8	13	海通证券股份有限公司
岳恒宇	9	28	天风证券股份有限公司
陈 笑	10	26	国泰君安证券股份有限公司

在2016年5月1日至2021年4月30日这五年的期间内,持续跟踪工业—资本品1(含工业集团企业、建筑与工程、建筑产品)行业并作出每股收益预测的分析师有28名。由表3-29、表3-30可以看出,从平均预测准确性角度来看,排在前五

名的分析师分别是：平安证券股份有限公司的杨侃、国盛证券有限责任公司的夏天、广发证券股份有限公司的邹戈、海通证券股份有限公司的冯晨阳和广发证券股份有限公司的谢璐。从最佳预测准确性角度来看，排在前五名的分析师分别是：国盛证券有限责任公司的夏天、国泰君安证券股份有限公司的韩其成、兴业证券股份有限公司的孟杰、天风证券股份有限公司的鲍荣富和天风证券股份有限公司的唐笑。

表 3-31　五年期分析师预测准确性评价—平均表现(2016.05.01—2021.04.30)
行业：工业—资本品 2(机械制造)

分析师姓名	平均表现排名	平均跟踪股票数量	所属证券公司
张立聪	1	2	安信证券股份有限公司
曾韬	2	1	中国国际金融股份有限公司
黄琨	3	26	国泰君安证券股份有限公司
王德安	4	1	平安证券股份有限公司
冯福章	5	4	安信证券股份有限公司
孔令鑫	6	24	中国国际金融股份有限公司
佘炜超	7	19	海通证券股份有限公司
陈显帆	8	26	东吴证券股份有限公司
王华君	9	24	浙商证券股份有限公司
刘军	10	26	东北证券股份有限公司

表 3-32　五年期分析师预测准确性评价—最佳表现(2016.05.01—2021.04.30)
行业：工业—资本品 2(机械制造)

分析师姓名	最佳表现排名	平均跟踪股票数量	所属证券公司
陈显帆	1	26	东吴证券股份有限公司
黄琨	2	26	国泰君安证券股份有限公司
冯胜	3	24	中泰证券股份有限公司
邹润芳	4	34	天风证券股份有限公司
刘荣	5	34	招商证券股份有限公司
罗立波	6	32	广发证券股份有限公司

(续表)

分析师姓名	最佳表现排名	平均跟踪股票数量	所属证券公司
刘 军	7	26	东北证券股份有限公司
孔令鑫	8	24	中国国际金融股份有限公司
鲁 佩	9	29	华创证券有限责任公司
章 诚	10	17	华泰证券股份有限公司

在2016年5月1日至2021年4月30日这五年的期间内,持续跟踪工业—资本品2(机械制造)行业并作出每股收益预测的分析师有54名。由表3-31、表3-32可以看出,从平均预测准确性角度来看,排在前五名的分析师分别是：安信证券股份有限公司的张立聪、中国国际金融股份有限公司的曾韬、国泰君安证券股份有限公司的黄琨、平安证券股份有限公司的王德安和安信证券股份有限公司的冯福章。从最佳预测准确性角度来看,排在前五名的分析师分别是：东吴证券股份有限公司的陈显帆、国泰君安证券股份有限公司的黄琨、中泰证券股份有限公司的冯胜、天风证券股份有限公司的邹润芳和招商证券股份有限公司的刘荣。

表3-33 五年期分析师预测准确性评价—平均表现(2016.05.01—2021.04.30)
行业：工业—资本品3(环保设备、工程与服务)

分析师姓名	平均表现排名	平均跟踪股票数量	所属证券公司
鲍荣富	1	1	华泰证券股份有限公司
王颖婷	2	6	西南证券股份有限公司
李 想	3	4	中信证券股份有限公司
韩其成	4	1	国泰君安证券股份有限公司
谭 倩	5	13	国海证券股份有限公司
邵琳琳	6	9	安信证券股份有限公司
陶贻功	7	4	太平洋证券股份有限公司
杨心成	8	9	国盛证券有限责任公司
郭丽丽	9	9	天风证券股份有限公司
郭 鹏	10	15	广发证券股份有限公司

表 3-34　五年期分析师预测准确性评价—最佳表现(2016.05.01—2021.04.30)
行业：工业—资本品 3(环保设备、工程与服务)

分析师姓名	最佳表现排名	平均跟踪股票数量	所属证券公司
杨心成	1	9	国盛证券有限责任公司
郭丽丽	2	9	天风证券股份有限公司
郭　鹏	3	15	广发证券股份有限公司
谭　倩	4	13	国海证券股份有限公司
袁　理	5	9	东吴证券股份有限公司
邵琳琳	6	9	安信证券股份有限公司
王颖婷	7	6	西南证券股份有限公司
朱纯阳	8	12	招商证券股份有限公司
李　想	9	4	中信证券股份有限公司
卢日鑫	10	6	东方证券股份有限公司

在 2016 年 5 月 1 日至 2021 年 4 月 30 日这五年的期间内,持续跟踪工业—资本品 3(环保设备、工程与服务)行业并作出每股收益预测的分析师有 16 名。由表 3-33、表 3-34 可以看出,从平均预测准确性角度来看,排在前五名的分析师分别是:华泰证券股份有限公司的鲍荣富、西南证券股份有限公司的王颖婷、中信证券股份有限公司的李想、国泰君安证券股份有限公司的韩其成和国海证券股份有限公司的谭倩。从最佳预测准确性角度来看,排在前五名的分析师分别是:国盛证券有限责任公司的杨心成、天风证券股份有限公司的郭丽丽、广发证券股份有限公司的郭鹏、国海证券股份有限公司的谭倩和东吴证券股份有限公司的袁理。

表 3-35　五年期分析师预测准确性评价—平均表现(2016.05.01—2021.04.30)
行业：工业—资本品 4(电气设备)

分析师姓名	平均表现排名	平均跟踪股票数量	所属证券公司
沈　成	1	22	中银国际证券股份有限公司
刘　威	2	1	海通证券股份有限公司
刘海博	3	2	中信证券股份有限公司
邱祖学	4	2	兴业证券股份有限公司
贺泽安	5	2	国信证券股份有限公司
曾朵红	6	27	东吴证券股份有限公司

(续表)

分析师姓名	平均表现排名	平均跟踪股票数量	所属证券公司
杨敬梅	7	11	西部证券股份有限公司
郑丹丹	8	13	东兴证券股份有限公司
陈显帆	9	3	东吴证券股份有限公司
朱栋	10	18	平安证券股份有限公司

表 3-36　五年期分析师预测准确性评价—最佳表现（2016.05.01—2021.04.30）
行业：工业—资本品 4（电气设备）

分析师姓名	最佳表现排名	平均跟踪股票数量	所属证券公司
曾朵红	1	27	东吴证券股份有限公司
沈成	2	22	中银国际证券股份有限公司
陈子坤	3	17	广发证券股份有限公司
谭倩	4	20	国海证券股份有限公司
顾一弘	5	14	东北证券股份有限公司
弓永峰	6	19	中信证券股份有限公司
朱栋	7	18	平安证券股份有限公司
皮秀	8	15	平安证券股份有限公司
游家训	9	24	招商证券股份有限公司
姚遥	10	14	国金证券股份有限公司

在 2016 年 5 月 1 日至 2021 年 4 月 30 日这五年的期间内，持续跟踪工业—资本品 4（电气设备）行业并作出每股收益预测的分析师有 46 名。由表 3-35、表 3-36 可以看出，从平均预测准确性角度来看，排在前五名的分析师分别是：中银国际证券股份有限公司的沈成、海通证券股份有限公司的刘威、中信证券股份有限公司的刘海博、兴业证券股份有限公司的邱祖学和国信证券股份有限公司的贺泽安。从最佳预测准确性角度来看，排在前五名的分析师分别是：东吴证券股份有限公司的曾朵红、中银国际证券股份有限公司的沈成、广发证券股份有限公司的陈子坤、国海证券股份有限公司的谭倩和东北证券股份有限公司的顾一弘。

表 3-37　五年期分析师预测准确性评价—平均表现(2016.05.01—2021.04.30)
行业：工业—资本品 5(航空航天与国防)

分析师姓名	平均表现排名	平均跟踪股票数量	所属证券公司
冯　胜	1	2	中泰证券股份有限公司
邹润芳	2	10	天风证券股份有限公司
李　良	3	7	中国银河证券股份有限公司
王　超	4	10	招商证券股份有限公司
刘倩倩	5	8	太平洋证券股份有限公司
王　习	6	7	东兴证券股份有限公司
王华君	7	2	浙商证券股份有限公司
熊　军	8	1	华西证券股份有限公司

表 3-38　五年期分析师预测准确性评价—最佳表现(2016.05.01—2021.04.30)
行业：工业—资本品 5(航空航天与国防)

分析师姓名	最佳表现排名	平均跟踪股票数量	所属证券公司
邹润芳	1	10	天风证券股份有限公司
王　超	2	10	招商证券股份有限公司
刘倩倩	3	8	太平洋证券股份有限公司
李　良	4	7	中国银河证券股份有限公司
王　习	5	7	东兴证券股份有限公司
冯　胜	6	2	中泰证券股份有限公司
王华君	7	2	浙商证券股份有限公司
熊　军	8	1	华西证券股份有限公司

在 2016 年 5 月 1 日至 2021 年 4 月 30 日这五年的期间内,持续跟踪工业—资本品 5(航空航天与国防)行业并作出每股收益预测的分析师有 8 名。由表 3-37、表 3-38 可以看出,从平均预测准确性角度来看,排在前五名的分析师分别是：中泰证券股份有限公司的冯胜、天风证券股份有限公司的邹润芳、中国银河证券股份有限公司的李良、招商证券股份有限公司的王超和太平洋证券股份有限公司的刘倩倩。从最佳预测准确性角度来看,排在前五名的分析师分别是：天风证券股份有限公司的邹润芳、招商证券股份有限公司的王超、太平洋证券股份有限公司的刘倩倩、中国银河证券股份有限公司的李良和东兴证券股份有限公司的王习。

表 3-39　五年期分析师预测准确性评价—平均表现(2016.05.01—2021.04.30)
行业：电信业务—电信业务(含电信服务与通信设备)

分析师姓名	平均表现排名	平均跟踪股票数量	所属证券公司
钱 凯	1	1	中国国际金融股份有限公司
邹润芳	2	2	天风证券股份有限公司
唐海清	3	20	天风证券股份有限公司
宋嘉吉	4	10	国盛证券有限责任公司
陈宁玉	5	7	中泰证券股份有限公司
许兴军	6	4	广发证券股份有限公司
张 弋	7	3	海通证券股份有限公司
程 成	8	13	国信证券股份有限公司
朱劲松	9	16	海通证券股份有限公司
刘舜逢	10	2	平安证券股份有限公司

表 3-40　五年期分析师预测准确性评价—最佳表现(2016.05.01—2021.04.30)
行业：电信业务—电信业务(含电信服务与通信设备)

分析师姓名	最佳表现排名	平均跟踪股票数量	所属证券公司
唐海清	1	20	天风证券股份有限公司
顾海波	2	10	中信证券股份有限公司
朱劲松	3	16	海通证券股份有限公司
宋嘉吉	4	10	国盛证券有限责任公司
陈宁玉	5	7	中泰证券股份有限公司
王 林	6	12	华泰证券股份有限公司
熊 军	7	16	华西证券股份有限公司
程 成	8	13	国信证券股份有限公司
容志能	9	11	天风证券股份有限公司
余伟民	10	8	海通证券股份有限公司

在2016年5月1日至2021年4月30日这五年的期间内,持续跟踪电信业务—电信业务(含电信服务与通信设备)行业并作出每股收益预测的分析师有19名。由表3-39、表3-40可以看出,从平均预测准确性角度来看,排在前五名的分

析师分别是：中国国际金融股份有限公司的钱凯、天风证券股份有限公司的邹润芳、天风证券股份有限公司的唐海清、国盛证券有限责任公司的宋嘉吉和中泰证券股份有限公司的陈宁玉。从最佳预测准确性角度来看，排在前五名的分析师分别是：天风证券股份有限公司的唐海清、中信证券股份有限公司的顾海波、海通证券股份有限公司的朱劲松、国盛证券有限责任公司的宋嘉吉和中泰证券股份有限公司的陈宁玉。

表3-41　五年期分析师预测准确性评价—平均表现（2016.05.01—2021.04.30）
行业：能源—能源

分析师姓名	平均表现排名	平均跟踪股票数量	所属证券公司
黄琨	1	2	国泰君安证券股份有限公司
陈显帆	2	2	东吴证券股份有限公司
沈涛	3	16	广发证券股份有限公司
刘荣	4	2	招商证券股份有限公司
王华君	5	4	浙商证券股份有限公司
周泰	6	16	安信证券股份有限公司
吴杰	7	9	海通证券股份有限公司
邓勇	8	10	海通证券股份有限公司
祖国鹏	9	11	中信证券股份有限公司
陈彦	10	4	中国国际金融股份有限公司

表3-42　五年期分析师预测准确性评价—最佳表现（2016.05.01—2021.04.30）
行业：能源—能源

分析师姓名	最佳表现排名	平均跟踪股票数量	所属证券公司
沈涛	1	16	广发证券股份有限公司
周泰	2	16	安信证券股份有限公司
邓勇	3	10	海通证券股份有限公司
祖国鹏	4	11	中信证券股份有限公司
安鹏	5	16	广发证券股份有限公司
张樨樨	6	8	天风证券股份有限公司

(续表)

分析师姓名	最佳表现排名	平均跟踪股票数量	所属证券公司
杨 侃	7	4	民生证券股份有限公司
吴 杰	8	9	海通证券股份有限公司
李俊松	9	14	中泰证券股份有限公司
陈显帆	10	2	东吴证券股份有限公司

在2016年5月1日至2021年4月30日这五年的期间内,持续跟踪能源—能源行业并作出每股收益预测的分析师有25名。由表3-41、表3-42可以看出,从平均预测准确性角度来看,排在前五名的分析师分别是:国泰君安证券股份有限公司的黄琨、东吴证券股份有限公司的陈显帆、广发证券股份有限公司的沈涛、招商证券股份有限公司的刘荣和浙商证券股份有限公司的王华君。从最佳预测准确性角度来看,排在前五名的分析师分别是:广发证券股份有限公司的沈涛、安信证券股份有限公司的周泰、海通证券股份有限公司的邓勇、中信证券股份有限公司的祖国鹏和广发证券股份有限公司的安鹏。

表3-43 五年期分析师预测准确性评价—平均表现(2016.05.01—2021.04.30)
行业:金融地产—银行

分析师姓名	平均表现排名	平均跟踪股票数量	所属证券公司
林加力	1	8	海通证券股份有限公司
廖晨凯	2	5	群益证券(香港)有限公司
邱冠华	3	16	浙商证券股份有限公司
戴志锋	4	23	中泰证券股份有限公司
刘志平	5	14	华西证券股份有限公司
解巍巍	6	10	海通证券股份有限公司
傅慧芳	7	14	兴业证券股份有限公司
屈 俊	8	16	广发证券股份有限公司
王 剑	9	13	国信证券股份有限公司
沈 娟	10	16	华泰证券股份有限公司

表3-44 五年期分析师预测准确性评价—最佳表现(2016.05.01—2021.04.30)
行业：金融地产—银行

分析师姓名	最佳表现排名	平均跟踪股票数量	所属证券公司
戴志锋	1	23	中泰证券股份有限公司
邱冠华	2	16	浙商证券股份有限公司
傅慧芳	3	14	兴业证券股份有限公司
王 剑	4	13	国信证券股份有限公司
励雅敏	5	17	中银国际证券股份有限公司
刘志平	6	14	华西证券股份有限公司
廖晨凯	7	5	群益证券(香港)有限公司
肖斐斐	8	14	中信证券股份有限公司
沈 娟	9	16	华泰证券股份有限公司
张帅帅	10	16	中国国际金融股份有限公司

在2016年5月1日至2021年4月30日这五年的期间内，持续跟踪金融地产—银行行业并作出每股收益预测的分析师有14名。由表3-43、表3-44可以看出，从平均预测准确性角度来看，排在前五名的分析师分别是：海通证券股份有限公司的林加力、群益证券(香港)有限公司的廖晨凯、浙商证券股份有限公司的邱冠华、中泰证券股份有限公司的戴志锋和华西证券股份有限公司的刘志平。从最佳预测准确性角度来看，排在前五名的分析师分别是：中泰证券股份有限公司的戴志锋、浙商证券股份有限公司的邱冠华、兴业证券股份有限公司的傅慧芳、国信证券股份有限公司的王剑和中银国际证券股份有限公司的励雅敏。

表3-45 五年期分析师预测准确性评价—平均表现(2016.05.01—2021.04.30)
行业：金融地产—非银金融(含保险、资本市场、其他金融)

分析师姓名	平均表现排名	平均跟踪股票数量	所属证券公司
孙 婷	1	19	海通证券股份有限公司
刘欣琦	2	17	国泰君安证券股份有限公司
沈 娟	3	18	华泰证券股份有限公司
傅慧芳	4	3	兴业证券股份有限公司
何 婷	5	14	海通证券股份有限公司
陈 福	6	11	广发证券股份有限公司

(续表)

分析师姓名	平均表现排名	平均跟踪股票数量	所属证券公司
唐子佩	7	6	东方证券股份有限公司
胡翔	8	8	东吴证券股份有限公司
郑积沙	9	15	招商证券股份有限公司
田眈	10	5	中国国际金融股份有限公司

表 3-46　五年期分析师预测准确性评价—最佳表现（2016.05.01—2021.04.30）
行业：金融地产—非银金融（含保险、资本市场、其他金融）

分析师姓名	最佳表现排名	平均跟踪股票数量	所属证券公司
沈娟	1	18	华泰证券股份有限公司
孙婷	2	19	海通证券股份有限公司
郑积沙	3	15	招商证券股份有限公司
刘欣琦	4	17	国泰君安证券股份有限公司
洪锦屏	5	12	华创证券有限责任公司
何婷	6	14	海通证券股份有限公司
陈福	7	11	广发证券股份有限公司
张经纬	8	11	安信证券股份有限公司
武平平	9	5	中国银河证券股份有限公司
唐子佩	10	6	东方证券股份有限公司

在2016年5月1日至2021年4月30日这五年的期间内，持续跟踪金融地产—非银金融（含保险、资本市场、其他金融）行业并作出每股收益预测的分析师有23名。由表3-45、表3-46可以看出，从平均预测准确性角度来看，排在前五名的分析师分别是：海通证券股份有限公司的孙婷、国泰君安证券股份有限公司的刘欣琦、华泰证券股份有限公司的沈娟、兴业证券股份有限公司的傅慧芳和海通证券股份有限公司的何婷。从最佳预测准确性角度来看，排在前五名的分析师分别是：华泰证券股份有限公司的沈娟、海通证券股份有限公司的孙婷、招商证券股份有限公司的郑积沙、国泰君安证券股份有限公司的刘欣琦和华创证券有限责任公司的洪锦屏。

表 3-47 五年期分析师预测准确性评价—平均表现(2016.05.01—2021.04.30)
行业：金融地产—房地产

分析师姓名	平均表现排名	平均跟踪股票数量	所属证券公司
张 宇	1	17	中国国际金融股份有限公司
刘 璐	2	11	华泰证券股份有限公司
陈 慎	3	21	华泰证券股份有限公司
何敏仪	4	7	东莞证券股份有限公司
陈 聪	5	12	中信证券股份有限公司
谢皓宇	6	10	国泰君安证券股份有限公司
杨 侃	7	9	平安证券股份有限公司
涂力磊	8	38	海通证券股份有限公司
阎常铭	9	14	兴业证券股份有限公司
袁 豪	10	16	华创证券有限责任公司

表 3-48 五年期分析师预测准确性评价—最佳表现(2016.05.01—2021.04.30)
行业：金融地产—房地产

分析师姓名	最佳表现排名	平均跟踪股票数量	所属证券公司
涂力磊	1	38	海通证券股份有限公司
张 宇	2	17	中国国际金融股份有限公司
胡华如	3	15	西南证券股份有限公司
刘 璐	4	11	华泰证券股份有限公司
袁 豪	5	16	华创证券有限责任公司
陈 聪	6	12	中信证券股份有限公司
阎常铭	7	14	兴业证券股份有限公司
谢皓宇	8	10	国泰君安证券股份有限公司
陈 慎	9	21	华泰证券股份有限公司
乐加栋	10	18	广发证券股份有限公司

在2016年5月1日至2021年4月30日这五年的期间内，持续跟踪金融地产—房地产行业并作出每股收益预测的分析师有16名。由表3-47、表3-48可以看出，从平均预测准确性角度来看，排在前五名的分析师分别是：中国国际金融股

份有限公司的张宇、华泰证券股份有限公司的刘璐、华泰证券股份有限公司的陈慎、东莞证券股份有限公司的何敏仪和中信证券股份有限公司的陈聪。从最佳预测准确性角度来看,排在前五名的分析师分别是:海通证券股份有限公司的涂力磊、中国国际金融股份有限公司的张宇、西南证券股份有限公司的胡华如、华泰证券股份有限公司的刘璐和华创证券有限责任公司的袁豪。

4 三年期证券公司预测准确性评价

4.1 数据来源与样本说明

三年期证券公司预测准确性评价的数据期间为 2018 年 5 月 1 日至 2021 年 4 月 30 日。证券公司预测准确性评分在其下属分析师预测准确性基础上汇总计算得出。所有分析师预测数据来源于 CSMAR 数据库,涉及指标包括分析师姓名、分析师编码、所属证券公司名称、预测公司证券代码、证券简称、预测终止日、预测每股收益及实际每股收益。分析师样本筛选原则同 1.2 节所述。在对证券公司预测准确性表现进行评价时,我们只对连续三年每年至少存在一名活动分析师的证券公司进行了排名。经上述筛选后,最终得到参与三年期证券公司预测准确性评价的证券公司共 62 家。

在对证券公司预测准确性进行评价时,我们从证券公司预测准确性综合评价和证券公司明星分析师数量两个角度进行评价,在分别从证券公司层面对分析师表现进行汇总得到每家证券公司每年度表现的基础上,对证券公司三年表现进行综合评价。

4.2 三年期证券公司预测准确性评价结果

表 4-1 三年期证券公司预测准确性综合评价—平均表现维度(2018.05.01—2021.04.30)

证券公司名称	排名	年均分析师数量	年均研报数量
德邦证券股份有限公司	1	7	39
中国国际金融股份有限公司	2	77	769
爱建证券有限责任公司	3	2	8
东吴证券股份有限公司	4	35	356

(续表)

证券公司名称	排名	年均分析师数量	年均研报数量
国盛证券有限责任公司	5	52	404
西部证券股份有限公司	6	16	113
中泰证券股份有限公司	7	63	544
开源证券股份有限公司	8	17	147
广发证券股份有限公司	9	86	612
国金证券股份有限公司	10	36	304
安信证券股份有限公司	11	61	637
华泰证券股份有限公司	12	75	654
长城证券股份有限公司	13	51	277
华创证券有限责任公司	14	49	431
光大证券股份有限公司	15	66	553
浙商证券股份有限公司	16	35	228
中信证券股份有限公司	17	74	703
天风证券股份有限公司	18	83	823
国泰君安证券股份有限公司	19	123	828
兴业证券股份有限公司	20	72	629
招商证券股份有限公司	21	79	571
中银国际证券股份有限公司	22	33	280
方正证券股份有限公司	23	49	469
川财证券有限责任公司	24	9	92
东方证券股份有限公司	25	40	277
国信证券股份有限公司	26	54	464
海通证券股份有限公司	27	93	638
中邮证券有限责任公司	28	3	47
西南证券股份有限公司	29	36	472
平安证券股份有限公司	30	40	248
东北证券股份有限公司	31	64	542

(续表)

证券公司名称	排名	年均分析师数量	年均研报数量
新时代证券股份有限公司	32	23	212
华金证券股份有限公司	33	19	171
国元证券股份有限公司	34	17	133
群益证券(香港)有限公司	35	10	89
财信证券有限责任公司	36	11	187
太平洋证券股份有限公司	37	58	405
东莞证券股份有限公司	38	14	118
信达证券股份有限公司	39	32	139
国海证券股份有限公司	40	18	285
东海证券股份有限公司	41	7	13
民生证券股份有限公司	42	54	395
国联证券股份有限公司	43	17	149
国开证券股份有限公司	44	5	18
中国银河证券股份有限公司	45	26	209
财通证券股份有限公司	46	16	191
上海证券有限责任公司	47	15	146
万联证券股份有限公司	48	9	136
东兴证券股份有限公司	49	46	353
渤海证券股份有限公司	50	17	79
世纪证券有限责任公司	51	5	24
华鑫证券有限责任公司	52	7	62
华安证券股份有限公司	53	14	81
中原证券股份有限公司	54	9	101
中航证券有限公司	55	16	49
东方财富证券股份有限公司	56	5	98
山西证券股份有限公司	57	17	97
长城国瑞证券有限公司	58	7	26

(续表)

证券公司名称	排名	年均分析师数量	年均研报数量
粤开证券股份有限公司	59	9	84
广州广证恒生证券投资咨询有限公司	60	10	81
首创证券有限责任公司	61	4	17
红塔证券股份有限公司	62	3	3

由表 4-1 可以看出,在 2018 年 5 月 1 日至 2021 年 4 月 30 日期间内,从分析师平均表现维度对证券公司预测准确性进行综合评价,排在前五名的证券公司分别是:德邦证券股份有限公司(年均活动分析师 7 名,年均发布研报 39 份)、中国国际金融股份有限公司(年均活动分析师 77 名,年均发布研报 769 份)、爱建证券有限责任公司(年均活动分析师 2 名,年均发布研报 8 份)、东吴证券股份有限公司(年均活动分析 35 名,年均发布研报 356 份)和国盛证券有限责任公司(年均活动分析师 52 名,年均发布研报 404 份)。

表 4-2 三年期证券公司预测准确性综合评价—最佳表现维度(2018.05.01—2021.04.30)

证券公司名称	排名	年均分析师数量	年均研报数量
中邮证券有限责任公司	1	3	47
川财证券有限责任公司	2	9	92
万联证券股份有限公司	3	9	136
开源证券有限公司	4	17	147
西南证券股份有限公司	5	36	472
天风证券股份有限公司	6	83	823
中信证券股份有限公司	7	74	703
华泰证券股份有限公司	8	75	654
国信证券股份有限公司	9	54	464
华创证券有限责任公司	10	49	431
方正证券有限公司	11	49	469
东吴证券股份有限公司	12	35	356
安信证券股份有限公司	13	61	637
海通证券股份有限公司	14	93	638

(续表)

证券公司名称	排名	年均分析师数量	年均研报数量
中国国际金融股份有限公司	15	77	769
中泰证券股份有限公司	16	63	544
广发证券股份有限公司	17	86	612
国海证券股份有限公司	18	18	285
财信证券有限责任公司	19	11	187
国盛证券有限责任公司	20	52	404
财通证券股份有限公司	21	16	191
中银国际证券股份有限公司	22	33	280
国泰君安证券股份有限公司	23	123	828
东莞证券股份有限公司	24	14	118
平安证券股份有限公司	25	40	248
华金证券股份有限公司	26	19	171
群益证券(香港)有限公司	27	10	89
光大证券股份有限公司	28	66	553
国金证券股份有限公司	29	36	304
兴业证券股份有限公司	30	72	629
东方证券股份有限公司	31	40	277
中原证券股份有限公司	32	9	101
长城证券股份有限公司	33	51	277
东北证券股份有限公司	34	64	542
中国银河证券股份有限公司	35	26	209
上海证券有限责任公司	36	15	146
招商证券股份有限公司	37	79	571
东兴证券股份有限公司	38	46	353
民生证券股份有限公司	39	54	395
新时代证券股份有限公司	40	23	212
爱建证券有限责任公司	41	2	8

（续表）

证券公司名称	排名	年均分析师数量	年均研报数量
浙商证券股份有限公司	42	35	228
国联证券股份有限公司	43	17	149
太平洋证券股份有限公司	44	58	405
西部证券股份有限公司	45	16	113
渤海证券股份有限公司	46	17	79
东方财富证券股份有限公司	47	5	98
信达证券股份有限公司	48	32	139
德邦证券股份有限公司	49	7	39
山西证券股份有限公司	50	17	97
国元证券股份有限公司	51	17	133
华鑫证券有限责任公司	52	7	62
长城国瑞证券有限公司	53	7	26
国开证券股份有限公司	54	5	18
华安证券股份有限公司	55	14	81
首创证券有限责任公司	56	4	17
世纪证券有限责任公司	57	5	24
粤开证券股份有限公司	58	9	84
中航证券有限公司	59	16	49
广州广证恒生证券投资咨询有限公司	60	10	81
东海证券股份有限公司	61	7	13
红塔证券股份有限公司	62	3	3

由表4-2可以看出，在2018年5月1日至2021年4月30日期间内，从分析师最佳表现维度对证券公司预测准确性进行综合评价，排在前五名的证券公司分别是：中邮证券有限责任公司（年均活动分析师3名，年均发布研报47份）、川财证券有限责任公司（年均活动分析师9名，年均发布研报92份）、万联证券股份有限公司（年均活动分析师9名，年均发布研报136份）、开源证券股份有限公司（年均活动分析师17名，年均发布研报147份）和西南证券股份有限公司（年均活动分析师36名，年均发布研报472份）。

表4-3 三年期证券公司明星分析师席位排名—平均表现维度(2018.05.01—2021.04.30)

证券公司名称	排名	明星分析师总量	证券公司分析师总量	证券公司研报总量
天风证券股份有限公司	1	23	250	2 469
东吴证券股份有限公司	2	14	105	1 067
安信证券股份有限公司	3	14	184	1 911
广发证券股份有限公司	4	13	257	1 835
东兴证券股份有限公司	5	12	138	1 059
光大证券股份有限公司	6	12	198	1 659
中国国际金融股份有限公司	7	12	230	2 307
国泰君安证券股份有限公司	8	12	368	2 483
国金证券股份有限公司	9	11	109	911
兴业证券股份有限公司	10	11	217	1 887
招商证券股份有限公司	11	11	236	1 713
浙商证券股份有限公司	12	10	104	683
中泰证券股份有限公司	13	10	189	1 632
方正证券股份有限公司	14	9	147	1 406
华金证券股份有限公司	15	8	57	513
西南证券股份有限公司	16	8	107	1 417
国盛证券有限责任公司	17	8	155	1 211
东北证券股份有限公司	18	8	191	1 626
中信证券股份有限公司	19	8	222	2 108
海通证券股份有限公司	20	8	280	1 914
民生证券股份有限公司	21	7	162	1 185
国信证券股份有限公司	22	7	163	1 391
东莞证券股份有限公司	23	6	42	353
华泰证券股份有限公司	24	6	226	1 963
西部证券股份有限公司	25	5	47	340

(续表)

证券公司名称	排名	明星分析师总量	证券公司分析师总量	证券公司研报总量
国联证券股份有限公司	26	5	50	447
新时代证券股份有限公司	27	5	69	636
中国银河证券股份有限公司	28	5	78	626
中银国际证券股份有限公司	29	5	100	840
太平洋证券股份有限公司	30	5	173	1 214
华安证券股份有限公司	31	4	42	243
山西证券股份有限公司	32	4	52	291
信达证券股份有限公司	33	4	96	416
中邮证券有限责任公司	34	3	9	141
群益证券（香港）有限公司	35	3	30	268
国元证券股份有限公司	36	3	50	399
开源证券股份有限公司	37	3	52	442
德邦证券股份有限公司	38	2	20	116
华鑫证券有限责任公司	39	2	22	186
川财证券有限责任公司	40	2	26	275
上海证券有限责任公司	41	2	45	438
财通证券股份有限公司	42	2	47	572
中航证券有限公司	43	2	48	147
东方证券股份有限公司	44	2	121	831
首创证券有限责任公司	45	1	13	51
国开证券股份有限公司	46	1	14	53
世纪证券有限责任公司	47	1	16	73
长城国瑞证券有限公司	48	1	20	78
东海证券股份有限公司	49	1	21	40
万联证券股份有限公司	50	1	27	408

(续表)

证券公司名称	排名	明星分析师总量	证券公司分析师总量	证券公司研报总量
财信证券有限责任公司	51	1	34	561
国海证券股份有限公司	52	1	54	855
平安证券股份有限公司	53	1	120	744
华创证券有限责任公司	54	1	147	1 294
长城证券股份有限公司	55	1	154	831
爱建证券有限责任公司	56	0	7	23
红塔证券股份有限公司	57	0	10	8
东方财富证券股份有限公司	58	0	14	295
粤开证券股份有限公司	59	0	28	253
中原证券股份有限公司	60	0	28	302
广州广证恒生证券投资咨询有限公司	61	0	30	243
渤海证券股份有限公司	62	0	50	238

根据1.2节所属行业划分方法，2018.05.01—2021.04.30三个年度24个行业共产生明星分析师360名[①]。由表4-3可以看出，在2018年5月1日至2021年4月30日期间内，从分析师平均表现维度评选明星分析师并在此基础上对证券公司实力进行评价，排在前五名的证券公司分别是：天风证券股份有限公司(拥有明星分析师累计23名，活动分析师累计250名，发布研报累计2 469份)、东吴证券股份有限公司(拥有明星分析师累计14名，活动分析师累计105名，发布研报累计1 067份)、安信证券股份有限公司(拥有明星分析师累计14名，活动分析师累计184名，发布研报累计1 911份)、广发证券股份有限公司(拥有明星分析师累计13名，活动分析师累计257名，发布研报累计1 835份)和东兴证券股份有限公司(拥有明星分析师累计12名，活动分析师累计138名，发布研报累计1 059份)。光大证券股份有限公司(拥有明星分析师累计12名，活动分析师累计198名，发布研报累计1 659份)、中国国际金融股份有限公司(拥有明星分析师累计12名，活动分析师累计230名，发布研报累计2 307份)、国泰君安证券股份有限公司(拥有明星分

---

① 因存在单期内拥有明星分析师但未能保证每期存在至少一名活动分析师而未被纳入三年评价的证券公司，表中列示的明星分析师数量总和小于360。五年期证券公司评价同理。

析师累计12名,活动分析师累计368名,发布研报累计2 483份)因明星分析师席位相同,共同并列第五名。

表4-4　三年期证券公司明星分析师席位排名—最佳表现维度(2018.05.01—2021.04.30)

证券公司名称	排名	明星分析师总量	证券公司分析师总量	证券公司研报总量
兴业证券股份有限公司	1	20	217	1 887
广发证券股份有限公司	2	20	257	1 835
中国国际金融股份有限公司	3	15	230	2 307
国泰君安证券股份有限公司	4	15	368	2 483
中信证券股份有限公司	5	14	222	2 108
安信证券股份有限公司	6	13	184	1 911
国盛证券有限责任公司	7	12	155	1 211
国信证券股份有限公司	8	12	163	1 391
招商证券股份有限公司	9	12	236	1 713
华创证券有限责任公司	10	11	147	1 294
中泰证券股份有限公司	11	10	189	1 632
东北证券股份有限公司	12	10	191	1 626
华泰证券股份有限公司	13	10	226	1 963
天风证券股份有限公司	14	10	250	2 469
中银国际证券股份有限公司	15	9	100	840
方正证券股份有限公司	16	9	147	1 406
华金证券股份有限公司	17	8	57	513
国金证券股份有限公司	18	8	109	911
平安证券股份有限公司	19	7	120	744
东兴证券股份有限公司	20	7	138	1 059
财信证券有限责任公司	21	6	34	561
中国银河证券股份有限公司	22	6	78	626
东吴证券股份有限公司	23	6	105	1 067

(续表)

证券公司名称	排名	明星分析师总量	证券公司分析师总量	证券公司研报总量
西南证券股份有限公司	24	6	107	1 417
民生证券股份有限公司	25	6	162	1 185
海通证券股份有限公司	26	6	280	1 914
浙商证券股份有限公司	27	5	104	683
太平洋证券股份有限公司	28	5	173	1 214
光大证券股份有限公司	29	5	198	1 659
群益证券(香港)有限公司	30	4	30	268
西部证券股份有限公司	31	4	47	340
开源证券股份有限公司	32	4	52	442
国海证券股份有限公司	33	4	54	855
新时代证券股份有限公司	34	3	69	636
国开证券股份有限公司	35	2	14	53
东方财富证券股份有限公司	36	2	14	295
德邦证券股份有限公司	37	2	20	116
华鑫证券有限责任公司	38	2	22	186
万联证券股份有限公司	39	2	27	408
粤开证券股份有限公司	40	2	28	253
东莞证券股份有限公司	41	2	42	353
财通证券股份有限公司	42	2	47	572
国元证券股份有限公司	43	2	50	399
山西证券股份有限公司	44	2	52	291
长城证券股份有限公司	45	2	154	831
中邮证券有限责任公司	46	1	9	141
首创证券有限责任公司	47	1	13	51
长城国瑞证券有限公司	48	1	20	78

(续表)

证券公司名称	排名	明星分析师总量	证券公司分析师总量	证券公司研报总量
川财证券有限责任公司	49	1	26	275
华安证券股份有限公司	50	1	42	243
渤海证券股份有限公司	51	1	50	238
国联证券股份有限公司	52	1	50	447
东方证券股份有限公司	53	1	121	831
爱建证券有限责任公司	54	0	7	23
红塔证券股份有限公司	55	0	10	8
世纪证券有限责任公司	56	0	16	73
东海证券股份有限公司	57	0	21	40
中原证券股份有限公司	58	0	28	302
广州广证恒生证券投资咨询有限公司	59	0	30	243
上海证券有限责任公司	60	0	45	438
中航证券有限公司	61	0	48	147
信达证券股份有限公司	62	0	96	416

根据1.2节所属行业划分方法,2018.05.01—2021.04.30三个年度24个行业共产生明星分析师360名。由表4-4可以看出,在2018年5月1日至2021年4月30日期间内,从分析师最佳表现维度评选明星分析师并在此基础上对证券公司实力进行评价,排在前五名的证券公司分别是:兴业证券股份有限公司(拥有明星分析师累计20名,活动分析师累计217名,发布研报累计1 887份)、广发证券股份有限公司(拥有明星分析师累计20名,活动分析师累计257名,发布研报累计1 835份)、中国国际金融股份有限公司(拥有明星分析师累计15名,活动分析师累计230名,发布研报累计2 307份)、国泰君安证券股份有限公司(拥有明星分析师累计15名,活动分析师累计368名,发布研报累计2 483份)和中信证券股份有限公司(拥有明星分析师累计14名,活动分析师累计222名,发布研报累计2 108份)。

5 五年期证券公司预测准确性评价

5.1 数据来源与样本说明

五年期证券公司预测准确性评价的数据期间为2016年5月1日至2021年4月30日。证券公司预测准确性评分在其下属分析师预测准确性基础上汇总计算得出。所有分析师预测数据来源于CSMAR数据库,涉及指标包括分析师姓名、分析师编码、所属证券公司名称、预测公司证券代码、证券简称、预测终止日、预测每股收益及实际每股收益。分析师样本筛选原则同1.2节所述。在对证券公司预测准确性表现进行评价时,我们只对连续五年每年至少存在一名活动分析师的证券公司进行了排名。经上述筛选后,最终得到参与五年期证券公司预测准确性评价的证券公司共56家。

在对证券公司预测准确性进行评价时,我们从证券公司预测准确性综合评价和证券公司明星分析师数量两个角度进行评价,在分别从证券公司层面对分析师表现进行汇总得到每家证券公司每年度表现的基础上,对证券公司五年表现进行综合评价。

5.2 五年期证券公司预测准确性评价结果

表5-1 五年期证券公司预测准确性综合评价—平均表现维度(2016.05.01—2021.04.30)

证券公司名称	排名	年均分析师数量	年均研报数量
国盛证券有限责任公司	1	33	245
中国国际金融股份有限公司	2	72	762
东吴证券股份有限公司	3	34	376
中泰证券股份有限公司	4	56	532

(续表)

证券公司名称	排名	年均分析师数量	年均研报数量
广发证券股份有限公司	5	77	655
华创证券有限责任公司	6	42	475
天风证券股份有限公司	7	71	745
东方证券股份有限公司	8	35	250
长城证券股份有限公司	9	41	238
浙商证券股份有限公司	10	27	185
华泰证券股份有限公司	11	65	602
光大证券股份有限公司	12	54	468
国金证券股份有限公司	13	35	336
安信证券股份有限公司	14	57	674
招商证券股份有限公司	15	78	619
兴业证券股份有限公司	16	65	724
平安证券股份有限公司	17	44	289
东莞证券股份有限公司	18	14	102
国信证券股份有限公司	19	46	401
群益证券(香港)有限公司	20	11	107
中信证券股份有限公司	21	66	638
方正证券股份有限公司	22	46	457
西南证券股份有限公司	23	32	471
财通证券股份有限公司	24	13	160
国泰君安证券股份有限公司	25	128	784
爱建证券有限责任公司	26	3	10
华金证券股份有限公司	27	16	209
海通证券股份有限公司	28	86	833
中银国际证券股份有限公司	29	31	241
开源证券股份有限公司	30	12	94
财信证券有限责任公司	31	11	167

(续表)

证券公司名称	排名	年均分析师数量	年均研报数量
国开证券股份有限公司	32	4	14
川财证券有限责任公司	33	8	71
东北证券股份有限公司	34	64	615
上海证券有限责任公司	35	14	131
太平洋证券股份有限公司	36	48	376
国海证券股份有限公司	37	19	330
信达证券股份有限公司	38	28	146
国联证券股份有限公司	39	16	189
国元证券股份有限公司	40	19	115
中国银河证券股份有限公司	41	24	174
民生证券股份有限公司	42	61	429
东兴证券股份有限公司	43	38	381
万联证券股份有限公司	44	7	89
渤海证券股份有限公司	45	17	77
华鑫证券有限责任公司	46	7	76
长城国瑞证券有限公司	47	6	40
华安证券股份有限公司	48	11	73
世纪证券有限责任公司	49	4	15
山西证券股份有限公司	50	13	77
中航证券有限公司	51	16	44
广州广证恒生证券投资咨询有限公司	52	10	76
中原证券股份有限公司	53	8	87
粤开证券股份有限公司	54	9	128
首创证券有限责任公司	55	4	15
东方财富证券股份有限公司	56	4	60

由表 5-1 可以看出,在 2016 年 5 月 1 日至 2021 年 4 月 30 日期间内,从分析师平均表现维度对证券公司预测准确性进行综合评价,排在前五名的证券公司分

别是:国盛证券有限责任公司(年均活动分析师 33 名,年均发布研报 245 份)、中国国际金融股份有限公司(年均活动分析师 72 名,年均发布研报 762 份)、东吴证券股份有限公司(年均活动分析师 34 名,年均发布研报 376 份)、中泰证券股份有限公司(年均活动分析师 56 名,年均发布研报 532 份)和广发证券股份有限公司(年均活动分析师 77 名,年均发布研报 655 份)。

表 5-2 五年期证券公司预测准确性综合评价—最佳表现维度(2016.05.01—2021.04.30)

证券公司名称	排名	年均分析师数量	年均研报数量
海通证券股份有限公司	1	86	833
东吴证券股份有限公司	2	34	376
西南证券股份有限公司	3	32	471
安信证券股份有限公司	4	57	674
中信证券股份有限公司	5	66	638
广发证券股份有限公司	6	77	655
中泰证券股份有限公司	7	56	532
天风证券股份有限公司	8	71	745
华泰证券股份有限公司	9	65	602
国信证券股份有限公司	10	46	401
华创证券有限责任公司	11	42	475
华金证券股份有限公司	12	16	209
群益证券(香港)有限公司	13	11	107
中国国际金融股份有限公司	14	72	762
兴业证券股份有限公司	15	65	724
方正证券股份有限公司	16	46	457
平安证券股份有限公司	17	44	289
万联证券股份有限公司	18	7	89
财信证券有限责任公司	19	11	167
光大证券股份有限公司	20	54	468
国泰君安证券股份有限公司	21	128	784

(续表)

证券公司名称	排名	年均分析师数量	年均研报数量
国海证券股份有限公司	22	19	330
上海证券有限责任公司	23	14	131
东北证券股份有限公司	24	64	615
招商证券股份有限公司	25	78	619
东方证券股份有限公司	26	35	250
东兴证券股份有限公司	27	38	381
国盛证券有限责任公司	28	33	245
东莞证券股份有限公司	29	14	102
中银国际证券股份有限公司	30	31	241
国金证券股份有限公司	31	35	336
财通证券股份有限公司	32	13	160
民生证券股份有限公司	33	61	429
长城证券股份有限公司	34	41	238
川财证券有限责任公司	35	8	71
国联证券股份有限公司	36	16	189
中原证券股份有限公司	37	8	87
太平洋证券股份有限公司	38	48	376
浙商证券股份有限公司	39	27	185
信达证券股份有限公司	40	28	146
长城国瑞证券有限公司	41	6	40
开源证券股份有限公司	42	12	94
中国银河证券股份有限公司	43	24	174
渤海证券股份有限公司	44	17	77
华鑫证券有限责任公司	45	7	76
山西证券股份有限公司	46	13	77
国元证券股份有限公司	47	19	115

（续表）

证券公司名称	排名	年均分析师数量	年均研报数量
爱建证券有限责任公司	48	3	10
首创证券有限责任公司	49	4	15
华安证券股份有限公司	50	11	73
广州广证恒生证券投资咨询有限公司	51	10	76
国开证券股份有限公司	52	4	14
粤开证券股份有限公司	53	9	128
中航证券有限公司	54	16	44
东方财富证券股份有限公司	55	4	60
世纪证券有限责任公司	56	4	15

由表5-2可以看出,在2016年5月1日至2021年4月30日期间内,从分析师最佳表现维度对证券公司预测准确性进行综合评价,排在前五名的证券公司分别是:海通证券股份有限公司(年均活动分析师86名,年均发布研报833份)、东吴证券股份有限公司(年均活动分析师34名,年均发布研报376份)、西南证券股份有限公司(年均活动分析师32名,年均发布研报471份)、安信证券股份有限公司(年均活动分析师57名,年均发布研报674份)和中信证券股份有限公司(年均活动分析师66名,年均发布研报638份)。

表5-3 五年期证券公司明星分析师席位排名—平均表现维度(2016.05.01—2021.04.30)

证券公司名称	排名	明星分析师总量	证券公司分析师总量	证券公司研报总量
天风证券股份有限公司	1	30	355	3 725
中国国际金融股份有限公司	2	24	360	3 809
安信证券股份有限公司	3	23	283	3 370
招商证券股份有限公司	4	22	390	3 094
国泰君安证券股份有限公司	5	22	639	3 919
中泰证券股份有限公司	6	21	282	2 660
兴业证券股份有限公司	7	21	326	3 618

(续表)

证券公司名称	排名	明星分析师总量	证券公司分析师总量	证券公司研报总量
东吴证券股份有限公司	8	20	170	1 882
方正证券股份有限公司	9	18	229	2 285
广发证券股份有限公司	10	17	386	3 275
浙商证券股份有限公司	11	16	134	924
中信证券股份有限公司	12	16	328	3 189
东兴证券股份有限公司	13	15	191	1 907
西南证券股份有限公司	14	14	158	2 354
光大证券股份有限公司	15	14	269	2 338
民生证券股份有限公司	16	14	304	2 147
国金证券股份有限公司	17	13	175	1 680
东北证券股份有限公司	18	13	320	3 074
华泰证券股份有限公司	19	13	325	3 008
海通证券股份有限公司	20	12	431	4 167
信达证券股份有限公司	21	11	142	731
华金证券股份有限公司	22	10	78	1 044
东莞证券股份有限公司	23	9	68	511
中银国际证券股份有限公司	24	9	157	1 204
国盛证券有限责任公司	25	9	164	1 225
平安证券股份有限公司	26	9	220	1 447
国信证券股份有限公司	27	9	230	2 003
太平洋证券股份有限公司	28	9	241	1 881
广州广证恒生证券投资咨询有限公司	29	5	50	380

(续表)

证券公司名称	排名	明星分析师总量	证券公司分析师总量	证券公司研报总量
山西证券股份有限公司	30	5	67	383
中航证券有限公司	31	5	81	219
国联证券股份有限公司	32	5	82	947
中国银河证券股份有限公司	33	5	122	871
长城证券股份有限公司	34	5	204	1 191
长城国瑞证券有限公司	35	4	29	198
川财证券有限责任公司	36	4	41	355
群益证券(香港)有限公司	37	4	53	533
华安证券股份有限公司	38	4	55	365
东方证券股份有限公司	39	4	173	1252
财信证券有限责任公司	40	3	54	836
开源证券股份有限公司	41	3	58	469
国元证券股份有限公司	42	3	93	575
国海证券股份有限公司	43	3	93	1 650
华创证券有限责任公司	44	3	210	2 375
首创证券有限责任公司	45	2	21	76
万联证券股份有限公司	46	2	35	446
华鑫证券有限责任公司	47	2	36	378
财通证券股份有限公司	48	2	64	798
上海证券有限责任公司	49	2	71	656
世纪证券有限责任公司	50	1	19	76
国开证券股份有限公司	51	1	21	70

(续表)

证券公司名称	排名	明星分析师总量	证券公司分析师总量	证券公司研报总量
粤开证券股份有限公司	52	1	45	640
渤海证券股份有限公司	53	1	84	386
爱建证券有限责任公司	54	0	13	52
东方财富证券股份有限公司	55	0	19	302
中原证券股份有限公司	56	0	41	436

根据 1.2 节所述行业划分方法，2016.05.01—2021.04.30 五个年度 24 个行业共产生明星分析师 600 名。由表 5-3 可以看出，在 2016 年 5 月 1 日至 2021 年 4 月 30 日期间内，从分析师平均表现维度评选明星分析师并在此基础上对证券公司实力进行评价，排在前五名的证券公司分别是：天风证券股份有限公司（拥有明星分析师累计 30 名，活动分析师累计 355 名，发布研报累计 3 725 份）、中国国际金融股份有限公司（拥有明星分析师累计 24 名，活动分析师累计 360 名，发布研报累计 3 809 份）、安信证券股份有限公司（拥有明星分析师累计 23 名，活动分析师累计 283 名，发布研报累计 3 370 份）、招商证券股份有限公司（拥有明星分析师累计 22 名，活动分析师累计 390 名，发布研报累计 3 094 份）和国泰君安证券股份有限公司（拥有明星分析师累计 22 名，活动分析师累计 639 名，发布研报累计 3 919 份）。

表 5-4　五年期证券公司明星分析师席位排名—最佳表现维度(2016.05.01—2021.04.30)

证券公司名称	排名	明星分析师总量	证券公司分析师总量	证券公司研报总量
中国国际金融股份有限公司	1	36	360	3 809
兴业证券股份有限公司	2	32	326	3 618
广发证券股份有限公司	3	30	386	3 275
国泰君安证券股份有限公司	4	27	639	3 919
中信证券股份有限公司	5	23	328	3 189
华泰证券股份有限公司	6	21	325	3 008
安信证券股份有限公司	7	20	283	3 370

（续表）

证券公司名称	排名	明星分析师总量	证券公司分析师总量	证券公司研报总量
招商证券股份有限公司	8	20	390	3 094
中泰证券股份有限公司	9	17	282	2 660
东北证券股份有限公司	10	17	320	3 074
海通证券股份有限公司	11	17	431	4 167
平安证券股份有限公司	12	16	220	1 447
天风证券股份有限公司	13	15	355	3 725
华创证券有限责任公司	14	14	210	2 375
国信证券股份有限公司	15	14	230	2 003
中银国际证券股份有限公司	16	13	157	1 204
国盛证券有限责任公司	17	13	164	1 225
东兴证券股份有限公司	18	13	191	1 907
方正证券股份有限公司	19	13	229	2 285
民生证券股份有限公司	20	13	304	2 147
华金证券股份有限公司	21	10	78	1 044
西南证券股份有限公司	22	10	158	2 354
国金证券股份有限公司	23	10	175	1 680
东吴证券股份有限公司	24	9	170	1 882
光大证券股份有限公司	25	9	269	2 338
国海证券股份有限公司	26	8	93	1 650
群益证券(香港)有限公司	27	7	53	533
财信证券有限责任公司	28	7	54	836
中国银河证券股份有限公司	29	7	122	871
浙商证券股份有限公司	30	7	134	924
太平洋证券股份有限公司	31	7	241	1 881
财通证券股份有限公司	32	5	64	798

(续表)

证券公司名称	排名	明星分析师总量	证券公司分析师总量	证券公司研报总量
东莞证券股份有限公司	33	5	68	511
东方证券股份有限公司	34	5	173	1 252
华鑫证券有限责任公司	35	4	36	378
粤开证券股份有限公司	36	4	45	640
开源证券股份有限公司	37	4	58	469
国联证券股份有限公司	38	4	82	947
长城证券股份有限公司	39	4	204	1191
长城国瑞证券有限公司	40	3	29	198
万联证券股份有限公司	41	3	35	446
华安证券股份有限公司	42	3	55	365
山西证券股份有限公司	43	3	67	383
渤海证券股份有限公司	44	3	84	386
国元证券股份有限公司	45	3	93	575
东方财富证券股份有限公司	46	2	19	302
国开证券股份有限公司	47	2	21	70
川财证券有限责任公司	48	2	41	355
爱建证券有限责任公司	49	1	13	52
首创证券有限责任公司	50	1	21	76
上海证券有限责任公司	51	1	71	656
中航证券有限公司	52	1	81	219
世纪证券有限责任公司	53	0	19	76
中原证券股份有限公司	54	0	41	436
广州广证恒生证券投资咨询有限公司	55	0	50	380
信达证券股份有限公司	56	0	142	731

根据1.2节所述行业划分方法,2016.05.01—2021.04.30五个年度共产生明星

分析师 600 名。由表 5-4 可以看出，在 2016 年 5 月 1 日至 2021 年 4 月 30 日期间内，从分析师最佳表现维度评选明星分析师并在此基础上对证券公司实力进行评价，排在前五名的证券公司分别是：中国国际金融股份有限公司（拥有明星分析师累计 36 名，活动分析师累计 360 名，发布研报累计 3 809 份）、兴业证券股份有限公司（拥有明星分析师累计 32 名，活动分析师累计 326 名，发布研报累计 3 618 份）、广发证券股份有限公司（拥有明星分析师累计 30 名，活动分析师累计 386 名，发布研报累计 3 275 份）、国泰君安证券股份有限公司（拥有明星分析师累计 27 名，活动分析师累计 639 名，发布研报累计 3 919 份）和中信证券股份有限公司（拥有明星分析师累计 23 名，活动分析师累计 328 名，发布研报累计 3 189 份）。

6 2021年度中国证券分析师与证券公司预测准确性评价总结

我们提出的中国证券分析师与证券公司预测准确性评价（Earnings Forecast Accuracy Rating for Chinese Security Analyst & Securities Firm, EFA Rating），通过可验证的关键指标预测能力对证券分析师及证券公司进行评价。通过这一评价体系，投资者可以了解分析师每股收益预测准确性在同行业证券分析师中的相对排名，证券公司预测能力的整体表现及拥有明星分析师的席位数量，并可以通过对比证券公司体量与其明星分析师数量的比值关系进一步观察证券公司的整体风格及明星分析师产出效率。

本书运用 2016.05.01—2021.04.30 期间内证券分析师发布的针对沪深 A 股上市公司的每股收益预测数据，利用我们设计的证券分析师及证券公司每股收益预测准确性排名的算法，分别计算出三年期及五年期不同时间跨度上证券分析师及证券公司的 EFA Rating 排名情况。在通过对不同期间证券分析师及证券公司的排名观察后，我们可以看到尽管资本市场证券分析师群体体量庞大，但证券分析师群体内人员流动性较大，在本书样本中，能够在行业内持续"存活"五年的证券分析师仅占统计期间期末存量的 23.15%；从对证券公司不同维度的排名中横向上可以观察到不同证券公司的风格差异，纵向上也可以观察到国内证券公司的发展情况和实力变化。

本书试图提供一种更加客观、透明、可验证的证券分析师评价方法，但受数据可得性、可比性等因素制约，我们的评价范围仅覆盖了对 A 股上市公司做出预测的公司研究、行业研究分析师，未将宏观经济、策略研究、金融工程等方向的分析师纳入评价范围；同时，在评价过程中未考虑分析师做出的投资建议及其他定性信息，存在一定局限性。但每股收益作为综合反映企业经营成果的关键财务指标，是投资者重点关注的关键指标；同时因其综合性较强，可以反映分析师对股票的整体判断，因而与本书未能覆盖到的评级及定性信息具有高度的一致性，因此我们认为采用每股收益预测作为判断分析师预测准确性的唯一指标可能存在部分信息损失，但整体上是客观、合理、可信的。对于评价方法中存在的不足，我们将在后继年度的中国证券分析师与证券公司预测准确性评价中不断改进完善。